広告なのにシェアされるコンテンツマーケティング入門

谷口マサト

宣伝会議

広告なのにシェアされる
コンテンツマーケティング入門

content
marketing

第 *1* 章 *005*

広告"枠"買いから、広告"コンテンツ"買いへ

- **1-1** はじめに
- **1-2** ユーザーの自発的なシェアにゆだねる
- **1-3** ネイティブ広告は「記事広告」だけの話ではない
- **1-4** コンテンツを作る仕事は未開拓の領域
- **1-5** 大阪の虎ガラのオバチャンが拡散した理由

第 *2* 章 *025*

メディアの変化とコンテンツの変化

- **2-1** スマホ時代に進む、コンテンツのマイクロ化
- **2-2** 広告とコンテンツを一体化させる方法
- **2-3** 適正なWEBコンテンツ制作費の決め方
- **2-4** コンテンツ制作の基本は「時短」
- **2-5** 大量生産を実現した自動車の歴史から学べること
- **2-6** コンテンツを作りたがらないネット業界

第 *3* 章 *043*

ネット文脈に合ったコンテンツの形

- **3-1** 「見やすい」ものより、「使いやすい」もの
- **3-2** ボケる技術
- **3-3** ネットにおけるツッコミ芸

本書は、株式会社宣伝会議運営のWEBメディア「アドタイ」にて2013年7月から2014年2月にかけて、掲載された連載「広告なのにシェアされるコンテンツマーケティング入門」をもとに、書き下ろしを加えて書籍化したものです。

第4章　057

広告なのにシェアされるコンテンツ

- **4-1**　商品は「褒める」のでなく「イジる」
- **4-2**　企業とコラボコンテンツを作る3×7=21のパターン
- **4-3**　付かず離れずの関係を作る—ネイティブ広告の構造
- **4-4**　ネイティブ広告を活用できる企業、できない企業
- **4-5**　クライアント企業からよく受ける質問Q&A

第5章　073

コンテンツ作りの実践論

- **5-1**　「表紙絵」にこだわり、ユーザーを引き付ける
- **5-2**　「インパクト」は「記憶術」から発想する
- **5-3**　企業・商品とコラボしたコンテンツの作り方
- **5-4**　「商材へのアプローチ」でパターンを広げる
- **5-5**　コンテンツ制作のフォーマットいろいろ
- **5-6**　[特別レポート]谷口流を実践した担当者に聞く!

第6章　107

メディアと広告、コンテンツの未来【対談】

- **6-1**　バスキュールの西村真里子さんに聞きに行く!
  「みんなが主役時代の参加できる広告って?」
- **6-2**　境治さんに聞きに行く!
  「広告とコンテンツ融合の可能性」
- **6-3**　niconicoの杉本誠司さんに聞きに行く!
  「脱・マスプロモーションの方向性」

第7章　131

ローコストで大量生産に向けた取り組み

- **7-1**　「ニコ生」コラボでコンテンツを作る
- **7-2**　テレビ黎明期の1社提供番組から学べること
- **7-3**　ネタ仕込中、これから仕掛ける新企画

解説　谷口マサトは、"武道家"である。──田端信太郎……140
著者　あとがき……144

広告なのにシェアされる
コンテンツマーケティング入門 | 第 **1** 章

広告"枠"買いから、広告"コンテンツ"買いへ

- **1-1** はじめに
- **1-2** ユーザーの自発的なシェアにゆだねる
- **1-3** ネイティブ広告は「記事広告」だけの話ではない
- **1-4** コンテンツを作る仕事は未開拓の領域
- **1-5** 大阪の虎ガラのオバチャンが拡散した理由

第1章 広告"枠"買いから、広告"コンテンツ"買いへ

1-1　はじめに

　インターネットの登場以降、世に流通する情報量が爆発的に増え、その結果、広告を見てもらうのが難しくなっていると言われます。テレビCMのスキップ問題は度々話題になりますが、YouTube等のネット動画広告にはそもそもスキップ機能があり、ユーザー側に選択権があります。

　さらには、今や企業からのEメールの90%は開封すらされておらず、開封率は年々下がっているという調査結果（※1）も出ています。では、どうしたら広告を見てもらえるのでしょうか…？

　私は「広告なのに面白い」「広告なのにシェアしたくなる」…広告とコンテンツの融合に、問題解決の糸口があるのではないかと考え、これまでネット上で様々な企画に挑戦してきました。

　この本は、そんな私の現在進行形の取り組みをもとに、ネット上で広告をコンテンツとして制作・配信し、企業のマーケティング活動に生かす方法をまとめたものです。従来からある、バナー広告などの「見せつける」広告とは異なり、ソーシャルメディアでシェアされる、ユーザーが"見たくなる""使いたくなる"広告です。

※1 Email Marketing Metrics Report

　私はLINEの広告事業部・チーフプロデューサーとして、アプリ「LINE」やウェブメディア「livedoorニュース」の広告企画を担当しています。広告をコンテンツとして制作すると、従来の広告に比べ、シェ

アされやすくなり、当社比で数倍～数十倍のアクセスがあることは珍しくありません。

例えば2013年6月5日にリリースされた映画『ライフ・オブ・パイ/トラと漂流した227日』のブルーレイ＆DVDのPRでは、「livedoorニュース」で「大阪の虎ガラのオバチャンと227分デートしてみた！」という記事を公開したところ、SNSで話題になり、通常のPR記事に比べて、約10倍のアクセスがあり、映画会社のサイトへも多く誘導できました。

一方、アプリ「LINE」では企業とコラボした「スポンサードスタンプ」を200種類以上配信しています。ユーザーは、それが「広告」だとわかっていても、面白ければ積極的に利用し、コラボした商品の売り上げにもつながっています。

左:映画『ホビット 思いがけない冒険』／右:『ソフトバンク 家族のスタンプ』
©2012 Warner Bros. Ent. TM Saul Zaentz Co.
©softbank

上の2種類のスポンサードスタンプは、映画『ホビット 思いがけない冒険』（2012年12月4日リリース）と『ソフトバンク 家族のスタンプ』（2014年2月25日リリース）のものです。髪が抜け落ち、不敵な笑みを浮かべるキャラクターの「ゴラム」はキモカワイさを共有したいと利用者が続出。一方、テレビCMでおなじみの「白戸家」の家族が登場するこのスタンプは、ソフトバンク携帯電話取扱店に行くともらえるもので、このように、特定の店舗に行ったり、商品を買うともらえる「マストバイスタンプ」も人気です。

いずれも広告色を前面に出さないことで、ユーザーに支持されたという結果に、学ぶべきヒントがあると思います。

このように、この本では具体的な事例を基にコンテンツ発想の広告の理論と作り方を説明しています。考え方さえわかれば、誰にでもすぐ実践できるので、広告会社、制作会社、メディア企業で広告に携わる方や、コンテンツマーケティングを実践する、企業内のオウンドメディア担当の方にも利用いただけると思います。

1-2 ユーザーの自発的なシェアにゆだねる

広告を見てもらうためには、広告とコンテンツを融合させるべきというのが私の考えです。しかし広告とコンテンツは、明確に分けるべきだと考えている方も多いと思います。例えばテレビでは次のイラストのように、番組コンテンツを見る合間に（強制的に）CMを視聴させるため、広告とコンテンツが分かれていても効果がありました。

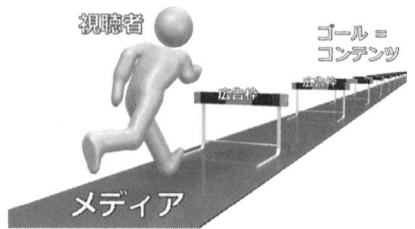

従来の広告（広告とコンテンツは別物）

しかしユーザーに主導権があるネットでは、従来のメディアのようにコンテンツと広告が分かれていると、広告はスキップされるか無視されてしまいます。そのため、コンテンツと広告を一体化して楽しんでもらい、その代わりに拡散してもらった方が自然なのではないかと考えています。

例えるならば「広告枠」というコンテンツの合間に強制的なハードルを作るモデルから、ユーザーの自発的なシェアにゆだねる。いわば自由に行き来する鳥に果実を食べに来てもらうようなモデルへの転換です。そ

今後の広告(広告とコンテンツは一体)

してシェアされるためには、「これは広告というよりコンテンツだ」と思われることが重要です。

1-3 ネイティブ広告は「記事広告」だけの話ではない

　広告や商品情報を、ユーザーが自然に見てくれるコンテンツとして発信し、企業のマーケティングに生かす方法は「コンテンツマーケティング」と呼ばれますが、最近ではその手法の一つである「ネイティブ広告」が、米国の大手メディアで相次いで採用され話題になっています。

　ネイティブ広告とは、例えばそのメディアが配信しているニュース記事と同じフォーマットで、広告記事を配信するなど、サイトやサービスに自然になじんだ形で表示される広告と説明されることが多いようです。そう説明されると、「それは昔からある新聞や雑誌の記事体広告、タイアップ広告と同じではないか」と思う方もいると思います。しかし両者は表現できる幅が大きく異なります。そもそもネイティブ広告は、「メディアが配信する記事」に限った話ではありません。

　米国のネット広告協会(IAB)が2013年12月に発行したレポート「THE NATIVE ADVERTISING PLAYBOOK」の中で、「ネイティブ広告」の形態を6つに分類しています。

　具体的には「フィード内に掲載するもの／In-Feed Units」(FacebookやTwitterのタイムラインや、メディアの記事として表現するもの)、「検

索結果に掲載 / Paid Search Units」(Googleなど)、「おすすめ枠に掲載 / Recommendation Widgets」、「一覧リストで表示 / Promoted Listings」など、広告を掲載する場所によって、分類しています。

　面白いのは、5番目の「広告枠にネイティブ広告を掲載 / In-Ad with Native Element Units」です。たとえ広告枠に表示されていても、ユーザーから見てコンテンツとして楽しめるように作られているのであれば、それはネイティブ広告だとしているのです。つまり掲載する形式よりも、コンテンツ自体の質が問われているのです。

　そしてさらに6番目は「カスタム・分類できない / Custom "Can't Be Contained"」で、もはや形式はそれぞれで、可能性は無限だとされています。先ほどご紹介した「LINE」のスポンサードスタンプも、独自に進化しているネイティブ広告の一つで、先の分類で言えば「カスタム」に入るでしょう。ある特定のサービス内で独自に発展しているネイティブ広告のスタイルが様々にあるということです。

　つまりネイティブ広告とは、特定の「記事フォーマット」のことを指すのではなく、「広告をコンテンツとして扱った方が成果を出せる」という考え方で、むしろロングテール、フリーミアムといった抽象度の高い言葉と近いものだと思います。そして、ネイティブかどうかはユーザー側が判断することなので、ネット上では企業もユーザーの言葉で話せる「ネイティブスピーカー」であることが求められています。

　特にネット上では、企業目線で商品を良く見せようとする一方的なメッセージは嫌われます。ネイティブ広告の本質を理解せず表面だけまねて、記事風にしながら結局は商品を見せつける従来の発想でメッセージを発信すれば、無視されるどころか「提灯記事」や「ステマ」と言われ、炎上するリスクさえあります。

　しかし私が最近強く感じるのは、ネットユーザーは優しいということです。面白ければ広告とわかっていながら、受け入れてくれますし、時に

積極的にシェアもしてくれます。つまりユーザーに歓迎されるコンテンツを作った方が、ネットでは有利なのです。その具体的な作り方の解説に入る前に、簡単に私の自己紹介をさせてください。

1-4　コンテンツを作る仕事は未開拓の領域

　私は横浜国立大学の建築学科を卒業した後、空手修行のため渡米。主にヌンチャクの修行をしていました。帰国後、ヌンチャクでは食べていけないことに気づき、1996年にネット業界に入り、主にWEBディレクターとして、様々なプロジェクトに関わりました。

　なぜ、本の冒頭から自分のプロフィールを長々と書こうと思ったのかと言うと、ネット業界で17年間、様々な仕事をしたので、その変遷が日本におけるネット業界の変遷を表していると考えたからです。ここでは自分の経歴・経験を振り返りながら、広告の場でコンテンツが重要視されるようになってきた過程を見ていきたいと思います。

　私は最初に入ったWEBサイト制作会社から、外資系のIT系コンサル会社へ移り、当時日本ではまだ少なかったIA(情報設計)の専門家として、リクルート、JTB、JALなどの大手コマースサイトのリニューアルを担当。その後ライブドアに入り、現在に至ります。

　次ページの表は、ざっくりと年代とその時々のネット業界の流行をまとめたものですが企業サイト、コマースサイト、ブログ、WikiなどのCGM、SNSなど、当時の流行と共に私の仕事も変遷してきました。

　これらの仕事を経験して感じるのは、SNSのように面白いものをみんながシェアできるツールが進化・浸透するのに伴い、ネット用にオリジナルコンテンツを制作する機会は確実に増えているということです。1996年頃、企業サイトを作っていた時代は、紙のパンフレットや製品カタログをWEBサイトに変換するだけの仕事が多く、忸怩たる思いを抱いて

いたことを覚えています。当時はネット用にオリジナルの写真を撮り下ろすこと自体が珍しかったのです。

WEB業界の流行の変遷

1995	2000	2005	2010	2014〜
WEBサイト制作	ポータルサイト 企業サイト	コマースサイト ブログ	各種CGM SNS	スマホ普及 アプリ	コンテンツ制作

そこで私はあくまで個人活動として、当時からネット用のオリジナルコンテンツを作っていました。例えば10年前に作った「バカ日本地図」は、「滋賀と岐阜の区別がつかない」、「群馬・栃木・茨城は区別がつかないので、全部茨城でいい」といった意見を募りながら、バカが思い描いている日本地図を描くプロジェクトで、当時話題になり書籍化もされました。

デザイン:上山根祐輔

10年前は、ネット向けのオリジナルコンテンツを作ることが仕事につながるとは思っていなかったので、会社での仕事とはまったく別の個人としての活動でした。

　もちろん、当時からネットの世界にオリジナルコンテンツがなかったわけではなく、プロモーションの一環として、企業が豪華なスペシャルサイトを作ることはありました。しかし当時は大量にバナー広告を出稿し、誘導でもしなければ、なかなか注目を集めることはできません。しかも、そこまですると投下した予算に見合うだけの効果を得ることは難しく、結果的に打ち上げ花火的に終わることが多く、継続して作ることができない状況にありました。そこで常にネット上では、オリジナルコンテンツが少ない状態が続いてきました。

　しかしSNSが普及した現在では、WEBサイトを作らずとも、メディアやSNS、企業のオウンドメディアで配信するコンテンツの中身だけを作れば話題にしてもらうこともできます。コンテンツを配信するプラットフォームと、それらを拡散する環境が揃ったことで、小さなコンテンツでも面白ければ話題にされるようになりました。つまり時代と共に、コンテンツにとって有利な環境にネットが段々と変化しているのです。コンテンツマーケティングが注目される背景には、このような状況の変化があるのでしょう。

　さらに他のメディアの広告素材を二次利用するより、ネットの文脈に合ったコンテンツをオリジナルで作った方が反響があるので、コンテンツを作って欲しいという企業からの要望は、特にここ3年ほどで急増しています。ここで初めて、私の場合には企業活動と個人としての活動が重なるようになってきたのです。

　しかし増え続ける要望に対応すべく、協力者を探していて気づいたのは、この領域にはまだプレイヤーが少ないという事実です。というのは広告業界でも新しい潮流なので、プロはまだあまり参入していません。一

方でブロガーや、個人でコンテンツを作っている人の多くは趣味でやっているので、企業からお金をもらい、仕事にしようとまで思っている人はごく一部です。逆に言えば、いま参加すれば活躍しやすい領域なのです。

この本を読んでいただきたいのは広告主、メディアや広告会社、PR会社に留まらず、WEBサイト制作会社、ブロガーなど個人で情報を発信されている方、または雑誌やテレビなどの既存のコンテンツ制作をされている方です。

企業の広告活動として作られるコンテンツは、私が個人でコンテンツを作っていた時の比ではない制作費をかけることができます。私はネットのオリジナルコンテンツの買い手、売り手、作り手全員が増えることで、ネットというメディアがもっと面白いものになればよいなと願っています。

新領域の仕事が生まれている

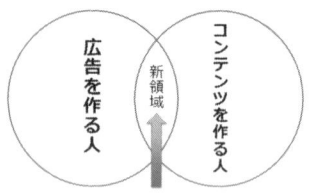

需要はあるのに作り手が足りていない状態。

1-5　大阪の虎ガラのオバチャンが拡散した理由

さて私の自己紹介から話を戻し、本題に入っていきます。具体的な例を通して、考え方をご紹介していきたいと思いますが、まずは冒頭でもご紹介した、2013年6月5日にリリースされた映画『ライフ・オブ・パイ/トラと漂流した227日』のブルーレイ&DVDのPR記事をご覧ください。この記事は20世紀フォックス　ホーム　エンターテイメント　ジャパンと、PR担当「廣洋社」との共同企画で作ったものです。

大阪の虎ガラのオバチャンと227分デートしてみた！

「美魔女」「熟女ブーム」という言葉が少し前にメディアで話題になった。それならば、大阪のオバチャンの特集があっても良いのではないだろうか。早速オバチャンとデートしてみたので、その驚くべき生態をレポートしたい。

デートの参考にしたのは、映画『ライフ・オブ・パイ/トラと漂流した227日』だ。

嵐で船が沈没し、どう猛なトラと一緒に救命ボートで大海原を漂流するはめになった16歳の少年のサバイバルを描いたこの映画、トラと一緒に過ごすのは一体どんな心境なのだろうか？

登場してもらった大阪のオバチャンは、乙吉久子さん55歳だ。

豹ガラには飽き足らず、さらにどう猛な虎ガラを普段から着こなす久子さんは、大阪を代表するファッションモンスターだ。そしてデートを体験してもらったのは、同じく大阪に住むイケメン、高澤勇吾さんだ。

第1章 広告"枠"買いから、広告"コンテンツ"買いへ

まず二人が待ち合わせたのは、大阪人の定番待ち合わせスポット「ビッグマン」だ。
大阪梅田駅のこの街頭ビジョンの前で、大阪の恋人達はトキメキながら待ち合わせるのだ。

街頭ビジョンでは様々なプロモーション映像が流れているが、もし映画『ライフ・オブ・パイ/トラと漂流した227日』のCMが映るとこんな感じになるはずだ。

思わず待ち合わせをドタキャンしたくなる、2匹のトラのコラボレーションだ。

まずはボートがある公園に向かう。

トラは普段森の中に生息し、虎ガラは森に溶け込む保護色になっている。

久子さんも虎ガラが保護色になり、特に足元は背景に溶け込んでいる。このように、森の中だと大阪のオバチャンはプレデターのように透明になるので注意が必要だ。

さて、池についたので、映画と同じくイケメンには上半身裸になってもらう。

映画の中で少年は、このような姿で227日を過ごすことになる。

トラを前にして裸でいるのは、服を着ている時より食欲を誘うので危険だ。

一方、オバチャンもまんざらでもない表情だ。

元々器械体操をしていたイケメンは、オバチャンの食欲を誘うほど良いカラダだ。

しかし覚悟していた惨劇もまだ起こらず、思ったよりおだやかに時間が過ぎる。

第 **1** 章　広告"枠"買いから、広告"コンテンツ"買いへ

映画でも、トラがシマウマなどの他の獲物を狙っている時点では、少年は比較的安全だ。

他の動物が全て食べられてしまった時、獲物は少年だけになる。

かなり遠くからだと仲が良い恋人に見える。

近づくと恐喝しているように見える。パンチラもここまでくるともはや凶器だ。

やがてボートタイムがおわり、イケメンは無事に帰ってきた。

オバチャンは、ボートのお礼に大阪の秘密のスポットを教えてくれるという。

かなりイケメンに心を開いてきたようだ。

池を後にする二人。オバチャンが勝手に手をつなぎだした。

やがて着いたのは、大阪の千林商店街の中にある大阪のファッションセンター『今一屋』だ。

店にはトラの服がズラッと並んでいる。この店のトラ揃えは日本一だとオバチャンは言う。

大阪の真のオバチャンはここに通うのだという。

新入荷のトラ服を見つけて少女のようにはしゃぐオバチャン。

何が新しいのかまったくわからないが、トラ服にもその年の流行りがあるのだという。

オバチャンもよく考えれば元は女の子だ。ちょっと服の趣味が変わっているだけなのかもしれない。

「このトラなんかアナタにいいんじゃない？」と言い出すオバチャン。

どうやら、イケメンにトラ服をプレゼントしたくて店に寄ったようだ。

この店にいると、オバチャンが普通に見えてきて危険だ。

映画では様々な幻想的なシーンが登場するが、ある意味この店も幻想的だ。

オバチャンが買ってくれた服を着てペア虎ルックで歩く二人。

恋人というよりは、何かの罰ゲームに見える。

しかし、そろそろ別れの時が近づいてきた。

出会った頃の緊張感とはまた違い、いつオバチャンに別れを切り出せばいいのかわからない。

静寂も気まずいので、そもそもの疑問をイケメンに聞いてもらった。

「なんで、虎ガラを着るようになったんですか?」

「おとんが死んだ時からかなあ」

「え?」

「私も三十歳までは子猫のように、可愛く大人しかったんよ。でも父が死んで、兄が『ぽっくり死んだなあ。はよ墓に骨捨てよか』と言ったとき、悲しくて悔しくて、はじめて人に怒鳴ったんよ『捨てるって何なの?おとんはモノちゃうんよ!』ってね。

それが、おとなしかった私が初めてトラのようにブチきれた時やわ。

でもそうなんよ。誰でも死んだらモノになる。じゃあ生きている時だけでもトラのように強く、思ったことは全部言ったろう、そう思ってこの服を着るようになったんよ。

会社でも、それまでは上司にハイハイ言ってたのに、『お前はアホか!』って言ってやったわ。女は子猫のままじゃバカにされる。いつかはトラにならなアカンのよ。

昔の事を思い出して、元気を無くすオバチャン。

「ぼくも…、いろんな格好をしたいんやけど、なんか恥ずかしくて」

「だれも他人の事なんかちゃんと見てへんよ。だから、にいちゃんもトラのように自由に生きればええんよ。体操やってた集中力があれば、きっとなんでもできるわ」

「オバチャン…」

映画でも、トラが弱るにしたがい、少年とトラは心を通わすようになっていく。

「じゃあ、帰るわ」とオバチャンは唐突につぶやいた。

「暗ならんうちに帰りや。私が若い時の写真あげるわ。クシャクシャやけどな。

30年前、私が子猫やった時に、にいちゃんに会いたかったわ」

そう言うとオバチャンは、振り返りもせずスタスタと歩き去り、森に溶け込んで消えてしまった。

そしてこれが、オバチャンの若い頃の写真だ。もし30年前に出逢っていたら…。

オバチャン…。

今回のデートの参考にした映画『ライフ・オブ・パイ/トラと漂流した227日』は、ブルーレイとDVDで絶賛発売中だ。
[PR記事]

さすがに若い時の写真は嘘じゃないだろうか。

©2013 Twentieth Century Fox Home Entertainment LLC. All Rights Reserved.

はたしてこれが広告なのか…?と思った方もいると思います。しかし、ありがたいことに、佐々木俊尚さんや蜷川実花さんといった多くのフォロワーを抱える著名人の方たちまでもが、記事を読んで「広告なのにムダに面白い!」と言ってシェアしてくれました。

ここに掲載したのはダイジェスト版で、実際の記事ではもう少し映画の紹介を加えています。しかしご覧になってわかるように、たとえ広告的要素がなかったとしても、一つの読み物として完結しています。PR記事であっても、このように「独立したコンテンツ」として成立していれば、シェアされやすくなります。

また同じ頃、映画『グランド・マスター』のPRでは、次のような記事を掲載しました。こちらはPR担当「シネブリッジ」との共同企画です。

OL八極拳! オフィスでの護身術から恋愛術まで、中国拳法を日常生活で使ってみた

出演:長澤奈央(女優)

先ほどの映画では、「トラと漂流する恐怖」という非日常を、オバチャンという日常に置き換えましたが、こちらは昔の中国が舞台だったので、場をオフィスに置き換えることで、身近に感じてもらえるようにしています。記事のパターンは様々ありますが、まずはこういった記事を作る方法をご紹介していきます。

広告なのにシェアされる
コンテンツマーケティング入門 | 第 2 章

メディアの変化とコンテンツの変化

- **2-1** スマホ時代に進む、コンテンツのマイクロ化
- **2-2** 広告とコンテンツを一体化させる方法
- **2-3** 適正なWEBコンテンツ制作費の決め方
- **2-4** コンテンツ制作の基本は「時短」
- **2-5** 大量生産を実現した自動車の歴史から学べること
- **2-6** コンテンツを作りたがらないネット業界

第2章 メディアの変化とコンテンツの変化

2-1 スマホ時代に進む、コンテンツのマイクロ化

第1章で紹介した2つのPR記事は、主に静止画とテキストだけで構成されるシンプルなコンテンツです。私は、このスタイルを「フォト紙芝居」と呼んでいるのですが、スマホが浸透したことで、コンテンツは隙間時間にサクッと読めるような、軽量さが求められる傾向にあります。コンテンツを作る上では、メディアやデバイス環境を理解することが必要です。そこで具体的な記事の作り方の説明に入る前に、その前提となる「これからのメディアに合ったコンテンツの"サイズ"とは何か」について、整理しておきたいと思います。

かつて映画産業が全盛だった昭和30年頃、テレビは映画関係者から「電気紙芝居」と呼ばれてバカにされていたと聞きます。確かに映画の基準で言えばチープなコンテンツに見えたのでしょうが、そのテレビが市民権を得、映画を凌駕するまでの地位を確立していきました。そして時代を見渡せば、コンテンツは次のように、どんどん小さくなっていることがわかります。

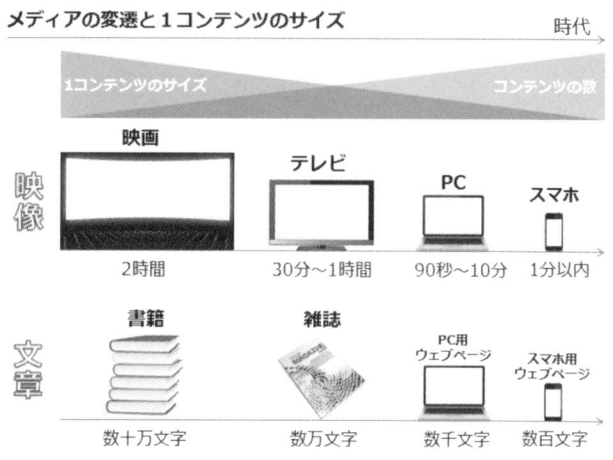

※PC・スマホでの映像の長さと文章量は、LINEでニュース記事を制作する際の目安です。

特にスマホのWEBページで表現できることはかなり限られるため、高機能なアプリを作るか、もしくはシンプルな記事を作るかという両極端の選択を迫られます。スマホ向けの記事の場合、PCで見ればチープに思えるくらい小さくした方が読みやすいのですが、「そこまでちっちゃいコンテンツなんか作りたくない」と思う方もいるかもしれません。しかし小さいほどSNSでシェアされやすく、ネット上で拡散されやすくなります。

　しかもコンテンツが小さいからこそ、外出先のちょっとした空き時間にも気軽に楽しんでもらえますし、作り手側の視点で言えば、より大量のコンテンツを作ることができます。ショートショートの神様と言われた星新一は生涯に1000を超える物語を作ったと言われますが、スマホ時代には「短編作家」のようなクリエイターが活躍するのかもしれません。小さいコンテンツは画面を見せればすぐに共有できるので、街角のちょっとした会話の中でもネタとして使ってもらえるため、作り手としてもやりがいがあります。

コンテンツサイズとコミュニケーションの変化　　　　時代 →

映画　　　　　　　**テレビ**　　　　　　　**スマホ**

劇場でみんなと見る　　家で家族と見る　　　街角で仲間と見る

　そして小さいコンテンツでは写真が特に重要になります。少ない文字数ではあまり差別化できませんので、最も注力するべきポイントと言えます。これまでにも、例えば次のような写真を撮影しました。

グラビア仏像「広目天ちゃん」を作ってみた！

モデル:神谷えりな　甲冑制作:Goldy

OL忍者の隠れ身の術。オフィスに溶け込む『透ける服』が登場

協力:東洋インキ

世界最大サイズのiPhone 5用ケース『ショルダーフォン』が登場

iPhone 5 用
ショルダーフォン
ケース新登場!!

- 肩からさげられる
- 収納スペースがある
- 紛失しにくい
- 昭和テイスト
- 通話中コードをモジモジできる

協力:メイテックネクスト
ショルダーフォンケース制作:小堀友樹×石川大樹(デイリーポータルZ)

写真を物語に沿って連続で表示し、テキスト量は最低限にして構成する、いわば「紙芝居」のような形式で、読者が写真をパラパラ見るだけで内容がわかるようにすると、瞬間的に情報を提供できるので、シェアされやすくなります。かつて、テレビが「電気紙芝居」と呼ばれたように、テレビから見たら「フォト紙芝居」と呼ばれるくらいのサイズが、ネットでは読みやすいコンテンツではないかと思います。

そしてコンテンツが小さいほど、写真のインパクトが大事になるので、従来のネットコンテンツのように素材集の写真を使うのではなく、新規で撮り下ろすことをおすすめしています。

2-2　広告とコンテンツを一体化させる方法

さて、メディアやデバイス環境の変化に伴い、そこで求められるコンテンツのサイズが変化してきているという前提をお話ししたところで、次に「広告枠」と「広告コンテンツ」の関係へと話を進めていきたいと思います。

サイズの小さいスマホのコンテンツだと、次の図のように、PCと比べて広告枠を挟み込むにも限界があります。例えば1ページあたりの文字数を減らして、スペースを作れば広告枠を作れはしますが、非常に読みにくくなるので本質的な解決にはなりません。

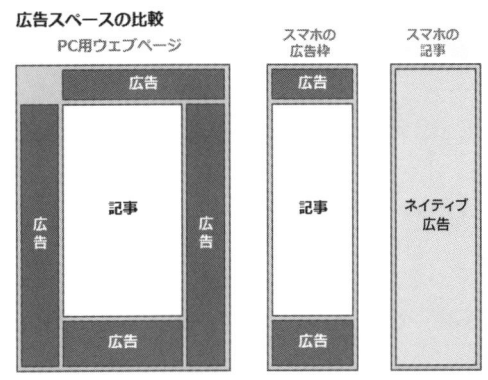

一方、コンテンツと広告が一体となったネイティブ広告は、画面サイズの影響を受けにくく、さらに、もし他のメディアに転載されても、広告が排除されにくくなります。

では、具体的にどう「一体化」させればよいのでしょうか。私の場合には、まずは広告とコンテンツの共通キーワードを設定し、両者を結び付けるようにしています。例えば、映画『ライフ・オブ・パイ』では「トラ」をキーワードに「大阪のオバチャン」と結び付けています。そして実際の記事ではキーワードを軸に、コンテンツと広告を交互に見せていきました。

従来のテレビCMのように、物語を分断するのではなく、次の図のように、広告とコンテンツが同時並行で進行するようにしています。情報の組み方そのものを変えてしまうのです。

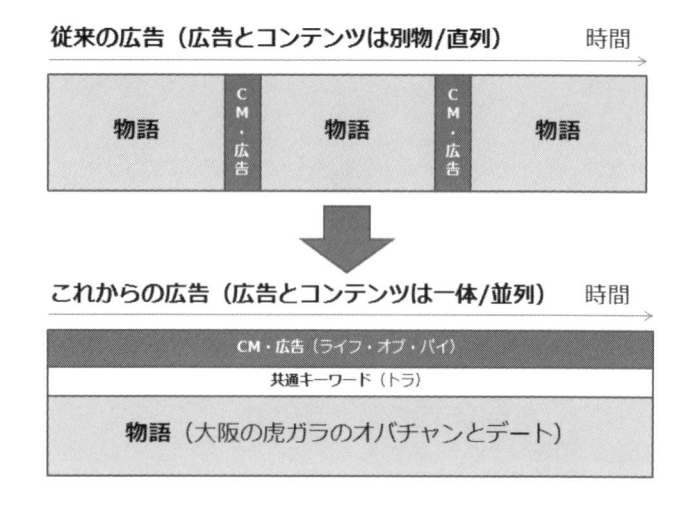

従来の広告（広告とコンテンツは別物/直列）　　時間→

| 物語 | CM・広告 | 物語 | CM・広告 | 物語 |

これからの広告（広告とコンテンツは一体/並列）　　時間→

| CM・広告（ライフ・オブ・パイ） |
| 共通キーワード（トラ） |
| 物語（大阪の虎ガラのオバチャンとデート） |

そして「共通キーワード」を決めて、コンテンツを発想することが、企画のキモになります。実際に「虎オバチャン」の企画書は「池で、虎ガラのファッションをした大阪のオバチャンとイケメンが漂流している様子を撮影し、話題にすると共に映画を紹介します。元々は少女であったは

ずのオバチャンが、なぜ虎ガラを着るようになったのか?という謎を取材し、映画のストーリーと併せて紹介をします」と書いただけの、非常にシンプルなものです。

逆のことを言うようですが、一体化と同時に「コンテンツ」と「広告」はそれぞれ独立している必要があります。例えば、記事の中でオバチャンは映画について何も語っていません。もしオバチャンが「この映画すごく感動するのよ〜」と言えば、単なる提灯記事になってしまい、読者は「これは広告だ」と思って離れてしまいます。

共通キーワードは、商品を"褒める"ためではなく、ひとつの記事の中でコンテンツと広告が同時に掲載されている"理由"として設定する必要があります。そして、コンテンツが"主役"でないとシェアされませんので、商品はコンテンツを作るための情報またはツールといった"脇役"という形で登場させた方が自然です。

今回の例で言えば、「虎オバチャン」とデートすることがあくまで"主役"で、その参考資料に使うという"理由"で、映画は"脇役"として登場しています。このような広告とコンテンツの組み合わせ方については、いくつかのパターンがあるので、後半であらためて詳細に説明します。

2-3 適正なWEBコンテンツ制作費の決め方

コンテンツと広告を融合させる方法論の概要を説明しましたが、もう一つ大事な視点が、いかにコストを抑えるかです。現状ではテレビ番組のコンテンツのように潤沢な予算がかけられないのがネットコンテンツの現実です。

そこで、ここでは実際にコンテンツを作る時に、どのように工数とコストを抑えるかについてご紹介します。コンテンツを作る際、最大のネックとなるのが、企画を考えること以上に、実制作の部分です。ユーザーに楽しんでもらえるコンテンツを作ると言っても、従来の雑誌やテレビの

第2章 メディアの変化とコンテンツの変化

コンテンツの作り方では、手間とコストがかかりすぎ、多くの場合、ネットメディアではペイできません。もっとシンプルな方法が必要です。

例えば「大阪の虎ガラのオバチャン」のPR記事では、大阪ロケをしましたが、東京から大阪に行ったのは私1人。カメラマンなど他のスタッフは全て現地で手配し、5時間ほどで撮影を終え、あとは私1人で3日ほどで記事を執筆・編集して作りました。

誤解してほしくないのですが、私が目指しているのは「安く作る」ことではなく、「ムダをなくす」ことです。音楽の世界でも、初音ミクのようなボーカロイドを使い、プロデューサー1人で作曲、作詞、演奏まで行うことが多くなりましたが、ネット上のPR記事も前述のように「スマホで見られること」を前提に、シンプルに作らないと赤字になって自爆してしまいます。テレビや映画を見て育っているので、無意識に過剰に作りこんでしまった結果、ネットでは重すぎて見られず、制作費も回収できない…というのが一番怖い陥りがちな失敗パターンです。

似たような話を、堺屋太一氏が著書『組織の盛衰—何が企業の命運を決めるのか』で解説しています。かつて映画業界がテレビのコンテンツ制作に挑んだ時、映画の世界のコンテンツの質の基準にこだわりすぎて制作コストが回収できず、自爆してしまったという話です。

1956年の映画会社の株価は当時の松下電器やトヨタ自動車よりも高かったそうです。その理由はテレビが普及すれば、そのコンテンツ制作を映画会社が請け負って、業界全体が潤うと思われていたからです。しかし、実際にはそうはなりませんでした。映画のような大型のコンテンツを作る体制は、テレビには過剰だったからです。結果、スタジオも機材もなく、有名俳優も使えない零細プロダクションに、全ての大手映画会社が敗退したそうです。映画会社が3億円かけて1時間のテレビドラマを作るところを、零細プロダクションは3千万円で作り、視聴率でも負けなかったのです。

実際に当時のテレビの制作風景について、『月光仮面』をはじめ、黎

明期のテレビ番組を数多く作った川内康範氏が、竹熊健太郎氏のインタビューに答えて、書籍『篦棒な人々―戦後サブカルチャー偉人伝』の中で次のように話しています。映画のようなロケ撮影が、予算の少ないテレビ番組ではできず、主にスタジオのセットで収録していた時代です。

> 俺はテレビの美術の人たちを呼んでこういった。「当分の間、テレビがセット芸術だと思われるのは避けて通れないことだ。なんでも映画のマネをしていちゃいけない。俺の『丹下左膳』はいっさいロケ撮影をしない」と話したんだ。
>
> 箱根の河原のシーンだろうがなんだろうがロケーションをしない。「そのぶん美術のほうでそれらしく作ってくれないか」と頼んだ。映画のマネばかりしていたら映画を超えられないんだからね。(中略)
>
> セットもムダに大きくする必要はない。金のかけかたを間違ってはいけないんだ。代わりに屏風を1枚置いておけばいい。役者は屏風の前で芝居をした。そういう工夫をして、セットを減らしていったよ。

このように映画に比べて予算が少ない中で、制作の手間とコストを下げる工夫を、かつてのテレビ業界は熱心に行っていたのです。テレビより制作予算が少ないネットでは、もっと工夫をしないといけないでしょう。

映画会社はすでに大規模な制作体制ができあがっていたため、まずは「コストがこれだけかかる」という前提で商売をして失敗しました。一方零細プロダクション側は「テレビ側から見たコンテンツの適正価格―プロダクションの適正利潤 ＝ 制作コスト」で予算を見積もりました。

当時のテレビ局で確保できる制作費を見極め、その範囲で制作できるよう、体制を映画よりもシンプルにしました。時代は繰り返すはずです。テレビのコンテンツを作る体制はネットでは過剰で、例えば、どのテレ

ビ局のネット動画放送も、新興の「ニコニコ動画」に、少なくとも視聴者数ではまるで、かないません。

実際に数年前に「livedoorニュース」で、コンテンツを作ろうと思い立った時、テレビ番組を作っていたプロダクションに相談しましたが、その時は価格が折り合いませんでした。そこで「広告コンテンツの適正価格 − 我々の適正利潤 ＝ 制作コスト」の範囲での制作を模索することになったのです。

さらに単にローコスト化を図るだけでなく、広告コンテンツにSNS上での拡散性を持たせれば、広告商品としての価値を高めることができます。拡散してPVが上がれば、広告主はより多くの投資をしてもよいと思ってくれるでしょう。「livedoorニュース」の場合には、3年ほどこのやり方を続けて最近になって、ようやくオリジナルコンテンツを手早く作れ、かつ広告としての成果も出て、メディア企業としての当社の儲けも出る、というモデルができてきました。

また工数とコストを抑えるため、基本は写真を多用した絵本のような形式（フォト紙芝居）で作ることが多いのですが、アクションシーンのような動きで表現した方がよい部分は動画で作成します。ただネットで動画は、見てもらうハードルが写真より高いという実感があるので、アニメGIFを多用し、自然と目に入るようにしています。

私はアニメGIFを効率的に作るために、まず1分ほどの動画を作り、そこから多数のアニメGIFを切り出すようにしています。そして拡散させやすくするため、一つのファイルのサイズが、1M以下になるように調整します。これはTumblrで、アニメＧＩＦをアップロードできる上限サイズで、アニメGIFが最も拡散されるのがTumblrだからです。

2-4　コンテンツ制作の基本は「時短」

ただしテキストや写真ですむようなシーンであれば、無理に動画にこ

だわる必要はないと思います。例えば映画やテレビなどでは動画しか使えないため、状況を説明するためだけに、役者が延々と説明するシーンがあります。ネットだと表現手段を選べるので、そういう場合はテキストで表現した方が、ユーザーがムダな時間を浪費しなくてすみますし、制作側もムダな工数とコストを省くことができます。例えば記者会見などは、動画よりも、会見の内容をテキストで全部書き起こしたページの方が人気です。その方が素早く内容を把握できるからです。

　私はネットのコンテンツ制作の基本は「時短」だと考えています。伝えたい内容ごとに、最も短い時間で伝えられる表現手段（テキスト、写真、アニメＧＩＦ、イラスト、動画、音楽など）をその都度選び、一つの記事の中で組み合わせて提供することで、多くの情報をできるだけ短い時間で圧縮して伝えるようにしています。

　「時短コンテンツ」という視点は、ユーザーが手軽に読め、シェアされやすくなるメリットだけでなく、制作工数とコストを抑えるためにも便利だと思います。

　そして、この章の冒頭で書いたように工数とコストを抑える目的は、「ネットのコンテンツは小さい予算で細々と作っていこう」と提唱したいからではありません。ムダをカットすることで、小さいコンテンツでも広告効果を最大に発揮できるという実績を重ねることで、より大きな制作費を獲得できるようにしていきたいのです。
　またテレビのレギュラー番組のように、できるだけコンテンツを連載する、継続的なコンテンツを提案するようにしています。テレビ番組の多くはレギュラー番組で、特集企画の方が珍しいのに、ネットのコンテンツの多くは特集企画で、継続的に３カ月、半年、１年と続くものはあまり見かけません。
　余談ですが、テレビのレギュラー番組で局の平均視聴率に貢献しや

すいのは、ドラマよりもバラエティ番組です。期間が決まっているドラマに比べ、バラエティ番組はとんねるずの「食わず嫌い王」のように、一つのフォーマットが当たれば長く続けやすいからです。同じようにネットでも、継続できるお笑いコンテンツが考えられそうです。

さらに同じ予算をかけるにしても、巨大なコンテンツをひとつだけ作るより、小さくても大量に連載できる広告コンテンツを多く作った方が、ソーシャルメディアでシェアされることを目指す場合には、特に有効だと思います。コンテンツがウケるか、スベるかには野球の打率のような要素があり、毎回必ず打てる（ウケる）わけではないので、より多く打席に立った方が、打率が安定するからです。

2-5　大量生産を実現した自動車の歴史から学べること

ここまでは主に、私が手がけたPR記事の事例を中心に話しましたが、次にそれらを包括するコンテンツマーケティングの概念について説明したいと思います。一言でコンテンツマーケティングと言っても、次のようにコンテンツの種類によって、その強みや作り方が異なります。

コンテンツの種類による分類

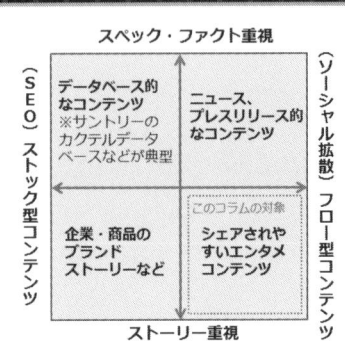

	スペック・ファクト重視	
（SEO）ストック型コンテンツ	データベース的なコンテンツ ※サントリーのカクテルデータベースなどが典型	ニュース、プレスリリース的なコンテンツ
	企業・商品のブランドストーリーなど	このコラムの対象 シェアされやすいエンタメコンテンツ
	ストーリー重視	（ソーシャル拡散）フロー型コンテンツ

長期的にアクセスを呼びこむストック型とは逆に、フロー型は瞬発力が強く、新商品の告知に向いています。またスペック情報が機能商品などの紹介に向いているのに対し、ストーリーを持たせたコンテンツは、映画やテレビドラマなどの情緒的な商品や、企業PRに強いという特徴があります。

　そしてこの本のテーマとしているのは図の右下にあるシェアされやすいエンタメコンテンツをどう作るか、です。なぜならそれが、ネット上のコンテンツで、最も未発達な分野だと思うからです。おそらくその理由は、一番定義が曖昧で、かつ作るのが大変だからだと思っています。

　そのようなコンテンツをメディア企業が継続的に作り続けるためには、コンテンツを量産することで、利益を生む仕組みが必要になります。コンテンツマーケティングとは、コンテンツを作成し、配布する技術を指しますが、例えば次の図は通常の広告クライアントから見たコンテンツマーケティングではなく、メディア企業が記事タイプのネイティブ広告を量産・販売してメディアの継続・発展を目指した場合です。

**メディア企業におけるコンテンツマーケティング＝
コンテンツをローコストで量産する仕組みを作る。**

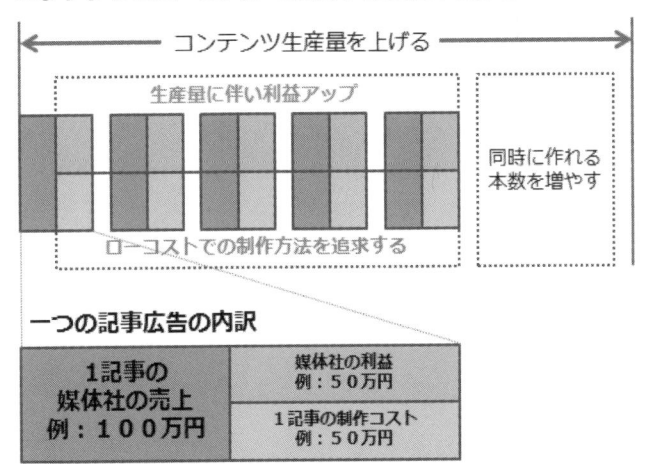

← コンテンツ生産量を上げる →

生産量に伴い利益アップ

ローコストでの制作方法を追求する

同時に作れる本数を増やす

一つの記事広告の内訳

| 1記事の媒体社の売上 例：100万円 | 媒体社の利益 例：50万円 |
| | 1記事の制作コスト 例：50万円 |

この場合、特に「コンテンツの生産量を増やす」という視点が重要になります。というのはコンテンツ制作で一番ボトルネックになりやすいのが、一つひとつのコンテンツに手間がかかりすぎ、スケールしないことだからです。

先ほどの「大阪の虎ガラのオバチャン」のロケでも説明しましたが、できるだけムダをカットして、コンテンツのクオリティを上げつつ、コンテンツ生産量も高められるか、という視点で工夫し続ける必要があります。

より良いコンテンツを大量生産し、利益を出して継続、発展する仕組みを作らないとコンテンツマーケティングは成立しません。それは、一つの巨大なスペシャルサイトを制作しようとするのと、真逆の方向の努力が必要です。例えるなら、大量生産される自動車と職人が手作りするフェラーリくらいにかけ離れています。

では、コンテンツ制作の領域に、自動車の大量生産の方法論を取り入れられないでしょうか。唐突に思うかもしれませんが、私は大量生産を実現した自動車の歴史にかねてから、関心を寄せていました。

実際、世界で初めてベルトコンベヤー方式で自動車を大量生産することに成功したヘンリー・フォードの自伝『藁のハンドル』には、コンテンツを大量生産するヒントが詰まっています。

フォードが登場する以前の自動車は1台1台、手作りで生産されていたため高級品で、庶民に手が届くものではありませんでした。フォードは部品の標準化と、徹底したローコスト化により大量生産を実現させ、自動車を庶民でも手の届く商品にしました。

表題にある『藁のハンドル』とは、農場から毎年多量に出る不要な麦藁を、ハンドルを作る素材に生かしたことで、ローコスト化を実現したエピソードから名づけられています。自動車の大量生産の実現と言えば、ベルトコンベヤー方式をイメージしがちですが、実は徹底したローコスト化こそがキモだったのです。

フォードが大量生産で目指したのは、「この世を良質で安価な生産物で満たして、人間の精神と肉体を、生存のための労苦から解放すること」でした。同じように、もしネットでもテレビのように、制作費をかけたコンテンツが日々大量に生産されるようになれば、もっとみんなが楽しくなると思うのですが、まだまだネットではコンテンツの生産量が少ないのが現状です。

2-6　コンテンツを作りたがらないネット業界

　これまで、広告とコンテンツを一体化する話をしてきましたが、現状のネットでは、まだまだ広告とコンテンツは分断しています。ウェブメディアも通常はコンテンツで集客し、そのコンテンツの周りに配された広告枠の販売で売り上げを立てようとします。このように広告とコンテンツが分かれている場合、PVを上げながら、いかにコンテンツの制作コストを下げるかの勝負になってきます。その勝負の行きつく先が、「コンテンツを作らない方がよい」という結論に達するのは当然でしょう。誰かが作ったコンテンツにタダ乗りすればよい、ということになっていきます。そもそもネット業界は、効率追求の志向が強いので、効率の悪いコンテンツ制作を避ける傾向があると思います。

　しかし、ここで考えたいのは「コンテンツを作るとは、そもそもムダで非効率なことではないだろうか？」ということです。極端な例ですが、冒険家の三浦雄一郎さんが、80歳でエベレストの登頂に成功したことは、多くの人に感動を与えました。人が感動したのは、それが、かつてなくムダな行為で、非効率で誰もやらなかったことだからではないでしょうか？

　例えば、これがもし仕事だったら、清掃業の80歳の男性に、エベレストの頂上を掃除してもらうのは効率が悪いでしょう。仕事は基本的に効率を良しとしますが、コンテンツ制作に限っては、必ずしもそうではあ

りません。むしろ逆向きの努力が必要です。そして、そのムダな努力が人を感動させ、人を集め、それがビジネスにつながります。

つまりコンテンツビジネスは、「どうやって"ムダ"を効率的に生み出すか?」という、そもそもの矛盾を抱えているのです。例えばテレビはコンテンツの合間にCMを挟み込むことで、"ムダ"な努力を結集させた、テレビコンテンツを生み出せる仕組みを作りました。もしCMがなかったら、どうなっていたでしょう?

CMの出稿費からくる制作費がなければ、コンテンツを作ることはできなくなります。テレビで映画批評をするなど、映画コンテンツに乗っかることを考えてもおかしくはなかったでしょう。テレビが登場した当時、最もコンテンツを作っていたのは映画産業だったからです。結果、テレビは延々と新作映画の紹介をしているだけのメディアになっていたかもしれません。これは過去の話ではありません。登場人物が「映画とテレビ」から、「テレビとネット」に変わりましたが、同じことが今も繰り返される可能性があります。

皆さんも、テレビ番組が生み出す話題に乗っかったネット上のコンテンツをよく見かけると思います。その方が瞬間的には、コストをかけずにPVがとれるからです。しかし、その先にネットのメディアとしての未来はないと思います。

メディアは、そのメディア自身で、"ムダ"なコンテンツを生み出す仕組みを持たなければ自立できません。効率が良くなければメディアは存在・継続できませんが、ムダがなければ、やがてそのメディアが存在する意味は失われると思うからです。私が、ここまでメディア企業が継続的にオリジナルコンテンツを作り続ける必要があるという前提で話を進めてきた背景には、こうした考えがあります。

そして、今のネット業界が置かれた状況でコンテンツを継続して生み出していくためには、コンテンツと広告を一体化させるのが一つの解決

策ではないかと考えています。

　しかし問題になってくるのは、自動車などの工業製品と異なり、コンテンツを作る作業は属人性が強く、社内でこなせる人の数が限られてしまうということです。受注できる仕事量に限界があり、大きなビジネスに発展できない可能性があります。ただそれは、社内にリソースを限った時の話で、私は外部のクリエイターと連携すればよいと考えています。

　プロデュースと監修を社内で行い、制作作業を社外のクリエイターと連携すれば、スケールできる体制になります。ここで求められるクリエイターはネットでウケる文脈を知っていて、さらに広告とコンテンツを一体化できる人です。

　その良し悪しは脇に置いておいて、テレビ番組もテレビ局というメディアと制作会社というクリエイターが連携して作っています。ネットメディアでもできないはずはありません。

　コンテンツの生産量を今よりも増やすことができれば、一つのコンテンツの価格、つまりは制作費を下げられるので、より多くの企業が、コンテンツマーケティングに参加できるようにもなるはずです。

　前述のヘンリー・フォードの『藁のハンドル』には、もう一つ重要なエピソードが登場します。フォードが作った自動車は大人気になり、注文が殺到するのですが、人気、つまりは需要に応じて価格を上げるのが通常のマーケティング手法であるところを、フォードは逆に価格を下げたという話です。大量生産しているので、生産ロットが増えるほど、価格を安くできるという事情もあったと思いますが、なによりもフォードには「誰もが車を買えるような社会にしたい」という強い思いがありました。

　ユーザーが良質なコンテンツを楽しめ、かつ多くのクライアントがコンテンツマーケティングに参加できる…。この本をはじめ、そのような制作方法をみんなで共有することが、ネットの未来につながると考えています。

第2章 メディアの変化とコンテンツの変化

広告なのにシェアされる
コンテンツマーケティング入門 | 第 **3** 章

ネット文脈に合ったコンテンツの形

- **3-1** 「見やすい」ものより、「使いやすい」もの
- **3-2** ボケる技術
- **3-3** ネットにおけるツッコミ芸

第*3*章 ネット文脈に合ったコンテンツの形

3-1 「見やすい」ものより、「使いやすい」もの

　第2章ではメディア・デバイス環境の変化に合わせて、求められるコンテンツのサイズが軽量化しているというユーザー側の視点。加えて、私の場合にはLINEというネット上でメディアビジネスを行う企業に属している立場から、コンテンツを継続的に大量に生産していく体制の必要性について説明しました。ユーザー側、送り手側の双方の視点から見て、ネットではコンパクトなサイズのコンテンツを継続して作り続ける方が適しているというのが私の考えです。さて、第3章ではサイズの次は、ネットでウケるコンテンツの質について話を進めていきたいと思います。

　これまで映画でも雑誌でも、コンテンツは「見るもの」だったと思います。しかしメディアであると同時にインタラクティブ性があり、ユーザー同士のコミュニケーションの場でもあるネットでは、ユーザーのコミュニケーションの中で「使いやすい」と思ってもらえるコンテンツの方がウケます。例えば「LINEスタンプ」も、会話の中で使いやすいものが人気になります。

　これをPR記事の場合で考えると、コミュニケーションで「使いやすい」ものの代表例が、ツッコミやすさを考えたコンテンツです。ツッコミがしやすいと、ユーザー同士のコミュニケーションのネタに使われ、SNSでシェアされやすいからです。具体的な例で説明すると、例えば「お笑いコンテンツ」を作る場合を考えてみます。テレビなどの従来のメディアでは、漫才のようにボケとツッコミがセットでコンテンツが作られています。

　しかしネットの場合には、ツッコミ役は不要です。なぜならユーザーがツッコンでくれるからです。むしろコンテンツの中にツッコミの要素まで入れこむと、ユーザーがコンテンツに参加できなくなってしまいます。

　ボケっぱなしの代表例が「才能のムダ使い」と呼ばれる、間違った方向に努力を続ける記事です。私が手がけたPR記事の中で一例をあげ

ると、「トップバリュ」のカップラーメンをPRするため、ラーメンをカフェ風やカレー風など様々に盛り付けてみる記事があります。

カップラーメンをどこまで豪華に撮影できるか試してみた！

上がカレー風、下がカフェ風に盛り付けてみたものです。
撮影・構成：松本圭司

記事の中で、「なぜカップラーメンを盛り付ける必要があるのか?」といったツッコミは入れず、狂った部活動のように盛り付けを繰り返しま

す。Twitterなどでは予想通り、「普通に食えよwwww」「才能のムダ使いすぎる」といったツッコミがたくさん入り、話題にしてもらいました。

　テレビのお笑い番組のようにツッコミもセットになっていると、視聴者は笑うことしかできません。一方ネットのコンテンツでは、上手くツッコめば、「ユーザー自身が周囲からウケる」ことができます。ツッコミをできるだけ受け入れられる「空っぽの器」を作る…。ネットの文脈でお笑いコンテンツを作るときには、私はそんなことを常に意識しています。

　上手いライターだと、ボケの難易度を簡単なものから難しいものまで幅広く記事の中にちりばめ、ユーザーの様々なツッコミのレベルにまで対応するように作っています。

「ボケっぱなし」はあくまでネット上でウケて、シェアされるコンテンツの作り方の一例で、ここで大切なのは「見せる」のではなく、「使いやすい」「ノリやすい」ことを前提に企画を考えるということです。それを理解しないと、記事はもちろん広告の場合は特に、ユーザーから注目もされず、シェアもされないという結果を招いてしまいます。

　例えばLINEのスポンサードスタンプでも、あまり企業の広告色を出しすぎると、ユーザーも気にして使わない傾向があります。そのため、あくまで使用いただく企業の方には、ユーザーが使いやすいことを前提に作っていただくようにしています。

　さらにLINEスタンプでは、できるだけ文字を入れないようにもしています。「今でしょ！」などの流行語は別ですが、文字を入れてしまうと、スタンプの意味が限定されすぎて、会話の中で使いにくくなってしまうからです。文字がなく、さらにスタンプが無意味な内容だと、会話の文脈によって、様々な意味や感情を投影させることができます。ツッコミを受け入れる「空のコップ」を目指すのと同様に、スタンプにおける「使いやすさ」を考えると、無意味の方が有効な場合があります。

例えば、次のイラストはお部屋探しサイト「CHINTAI」公式キャラクター・チンタイガーのスタンプ（2014年1月7日リリース）の一つです。体がなぜか半分地面に埋まっているというシュールな面白さの無意味さで、解釈に幅が出て使われやすくなっています。

©CHINTAI Corporation

　また、次のスタンプ「ゼウシくんのにくにくスタンプ（2014年2月18日リリース）」は、一見すると不思議な構図ですが、こちらもよく使われています。

©Zeushi-kun

　利用シーンを調べると、焼肉に誘う以外に、答えに困った時に使うという声がありました。例えばある女性は、好きでもない男友だちから付き合いたいと言われ、このスタンプを返したそうです。
　なんと言っていいのかわからない時には、なんの意味かわかりにくいスタンプが便利なようで、「使う」という文脈では、無意味にも意味があります。親しい仲ほど意味がない会話をしているので、意味が邪魔になってしまうこともあるようです。

しかもこのスタンプは、JA全農（全国農業協同組合連合会）のスポンサードスタンプのため、商材であるお肉を前面に出しながら、ユーザーにも喜ばれたという例になります。一方で、はっきりと文字にしたい広告主の企業メッセージもあるので、その場合は「見せやすさ」と「使いやすさ」がトレードオフの関係にあることを理解いただいた上で調整していきます。

　ちなみにスポンサードスタンプを多く担当している当社のディレクター・原宏治によると、スタンプの代表的なバリエーションは、大別するとポジティブ／ネガティブな喜怒哀楽の感情系、「いいね！」や「NO」などの回答系、風呂や買物などの生活シーン系、「おはよう」や「いってらっしゃい」などの挨拶系、そして「暑い」や「メリークリスマス」などの季節系に分類することができます。代表的なバリエーション8種をLINEキャラクターで例えると以下のようになります。

嬉しい　／　了解（いいね、OKなど）　／　好き　／　怒る

落ち込む　／　頼む、謝る　／　驚く　／　悲しい

©LINE Corporation

　これらの感情系、回答系などのバリエーションは利用されやすい反面、既存のキャラクターと重複してしまう可能性も高くなります。例えば、LINEキャラクターのブラウンには、炎を燃やして怒っているスタンプや、紙吹雪が舞う中で喜んでいるスタンプがありますが、同様の感情表現

は、他のスポンサードスタンプの中にも見付けることができます。

　平均的に利用されやすいスタンプの感情表現は存在しますが、飛び抜けて利用率の高いスタンプとは、孤高の一匹狼のごとく多数派に埋もれず、今までにない斬新な感情表現である傾向が多いです。ユーザーは、お決まりの感情表現ではなく、今までになかったキモチを伝える新たなコミュニケーションを、LINEのスタンプに求めているようです。

　ベタな利用シーンを押さえつつも、前述した様々な意味を投影できるものや、かつてない斬新なものを組み合わせると良いようです。

　さて、ここまで「空っぽを作る」と「無意味を作る」について説明してきましたが、最後にお話しするのが「退屈を作る」です。これは、ネットの生放送でウケるコンテンツに共通することです。本書籍の対談編でも紹介していますが、2013年の末に「ニコ生」で薪が燃えている映像を延々、27時間放送する番組がありました。

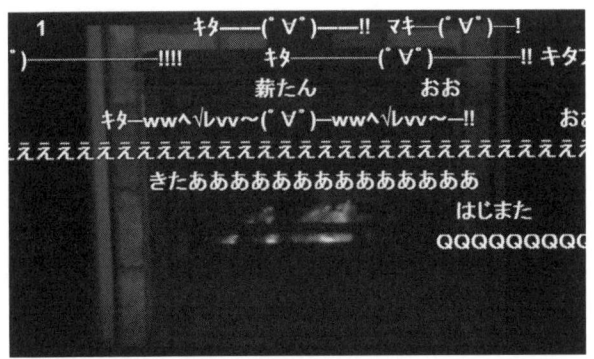

ノルウェーの公共放送局で、視聴率20%を記録し話題になった12時間、薪が燃えている映像を流した番組の、独占放送版。映像は、ノルウェーで放送したものではなく「ニコ生」オリジナル。

　この放送はユーザーに非常にウケたのですが、ただ「薪が燃えている」だけという"退屈"な映像が支持されたのは、視聴中のユーザーに時間的な余裕があり、ユーザーがツッコミを入れたり、話しやすい環境があったからだと思います。例えば完成度の高いテレビ番組は、絶えずユーザーを画面に没頭させるので、ツッコミをしている暇がありません。

つまりネットでは作りこまず、あえて退屈に作った方が「話しやすい」場合があるのです。そしてユーザーが「参加しやすく」「使いやすい」コンテンツが支持されるネット上では、「話しやすい」という要素もまた重要になってくるということです。ネットでは従来のメディアとは異なり、ユーザーは「見ている」だけの存在ではありません。従来のメディアとの違いを意識すると、ネットの文脈に合った企画ができるようになると思います。

3-2　ボケる技術

「参加しやすく」、「使いやすい」ネット文脈に合ったコンテンツを作る方法の一つである「ボケっぱなし」の技術。ネットではよく使われる手法なので、ここでその方法を事例も出しながら紹介しておきます。

よく私が、一緒に広告企画を作っているニフティ「デイリーポータルZ」は、ライフネット生命保険の保有契約件数が10万件突破（2011年12月当時）したことを祝うPR記事で、「納豆を10万回混ぜるとどうなるか？」という企画に挑戦しました。

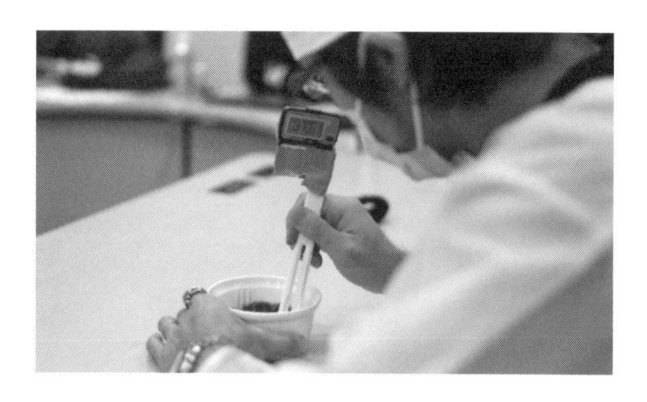

結果、納豆はキャラメルのようになったのですが、先ほど「トップバリュ」のPR記事でご説明したように、記事の中に「そもそもなぜ納豆を

そんなに混ぜるのか?」といったツッコミは登場しません。スタッフは夜通し、交代しながら黙々と納豆を混ぜ続けます。ここまでムダな努力をしてやっと出てくるのが「無邪気さ・真剣さ」です。納豆を混ぜるのが大変すぎて、もはや笑わせようとする当初の目的を忘れたような殺伐とした雰囲気が漂い、それがかえって笑えます。

　反対にネット上で最もスベりやすいお笑いが、会社などの宴会でよく見かける「悪ふざけ」のようなわざとらしさです。「こんなにおバカなことをしているので笑ってください」という姿勢は、よほど振り切ってやらない限り、ユーザーの反発を買い、逆に「笑うまい!」という態度を引き出してしまいます。

　一方こちらは、「蒸気機関車を作ってみた!」というPR記事の写真です。エンジニア(技術者)専門の転職支援会社「メイテックネクスト」のタイアップで、「エンジニアの自由研究」というテーマで、様々なバカなモノを真剣に作ったのですが、そのうちの一つです。

　実は写真の男性(小西さん)はキャストではなく、撮影スタッフの一人でリハーサルで代役をしているのですが、彼にとっては"仕事"なので真剣な表情で取り組んでいて笑えます。これもまた偶然ではありますが、笑わせようとしていないから、笑わせられるという好例です。

これらはネットに限らず、全てのお笑いコンテンツに共通することなのだと思いますが、ネットのコンテンツでは特に、テレビ以上にわざとらしさが嫌われ、リアリティが求められるように感じます。情報が溢れすぎているため、ユーザーの姿勢は基本が懐疑的で、何らかの意図が含まれているコンテンツはシャットアウトしようとします。「笑わせよう」とか、あるいは「買わせよう」という気配をまず消さないとユーザーに近づくことすらできません。

　今、昔のテレビ番組や映画を見ると、とてもわざとらしく見えることがあります。時代と共にユーザーのコンテンツを見る目が段々と、純粋になっていると感じています。そんな環境下でのコンテンツ作りは、どう「無邪気さ」と「真剣さ」を徹底できるかが勝負になりそうです。私もよく撮影中に、「笑わないでください」「真剣にやってください」とキャストの方に何度もお願いすることがあります。ふざけた状況が多いので、笑ってしまうのも無理はないのですが、キャストが笑ってしまうと、ユーザーが笑えなくなってしまうのです。

　ちなみに、このようなネットの文脈でボケるサイトと連携した、「バカジャイルメディアネットワーク」という名前の広告ネットワークを、前述のニフティ「デイリーポータルZ」と、バーグハンバーグバーグが運営する「オモコロ」と一緒に展開しています。最近では、お笑いアプリで著名な「ボケて（bokete）」も加わりました。

バカジャイルメディアネットワーク

　広告主が出したお題に対し、各サイトで一斉にボケることで、より話題にすることができます。3年前に冗談で作ったのですが、SNSの普及により、毎月発注が増えています。

3-3 ネットにおけるツッコミ芸

　ここまで「ボケる」技術について解説しましたが、コンテンツがシェアされ、拡散されていく上では、質の高いユーザーのツッコミを誘発することも必要になります。面白いツッコミの相乗効果が加わると、ネット上での拡散力が加速度的に高まるからです。

　そもそもネット上ではボケる人は少数派で、多くはツッコミです。お笑い芸人であるマキタスポーツこと、槙田雄司氏が書いた『一億総ツッコミ時代』で詳しく考察されており、本の紹介文にはこうあります。

> ああ息苦しい　一億総ツッコミ時代
> 　ツイッターで気に入らない発言を罵倒し、ニコ生でつまんないネタにコメントし、嫌いな芸能人のブログを炎上させる。ネットで、会話で、飲み会で、目立つ言動にはツッコミの総攻撃。自分では何もしないけれど、他人や世の中の出来事には上から目線で批評、批難――。一般人がプチ評論家、プチマスコミと化した現代。それが「一億総ツッコミ時代」だ。動くに動けない閉塞感の正体はこうした「ツッコミ過多」にある。「ツッコミ」ではなく「ボケ」に転身せよ。「メタ」的に物事を見るのではなく「ベタ」に生きろ。この息苦しい空気を打破し、面白い人生にするために！

　確かに槙田氏の言うとおりだと思いながらも、ネット上ではTwitterなどツッコミに使いやすいツールが開発され続けているので、ツッコミが多数派であることは将来も変わらないと思います。一億総ツッコミ時代、ネット上にあふれるツッコミの嵐。そこで、際立つためにはコンテンツの発信者自身が、ユーザーのツッコミの質を高める工夫を施すことも必要になります。ボケっぱなしとは真逆のアプローチなのですが、ツッコミだけで構成したコンテンツもまた人気です。それらは、ある特定のコンテンツに対する、"上手い"ツッコミになっていて、ユーザーはシェアするだ

けで"良質な"ツッコミができるという、これもまた「使いやすい」コンテンツの一例です。

「2chまとめ」には、こうしたスタイルのコンテンツが多く、「群馬県の日常がヤバすぎるｗｗｗｗ」「キスマークが口紅だと思ってる奴ｗｗｗｗ」など、タイトルがそもそもツッコミ形式で書かれており、Twitterでリツィートするだけで、ツッコンでる感が出せるようになっているという親切設計になっています。

こうしたタイプのコンテンツも、広告と組み合わせることができます。例えば、LINEが運営している「NAVERまとめ」では、様々なスポンサード記事を展開していますが、企業や商品にツッコミを入れる記事は人気です。

紹介するのは、不動産情報サイト「HOME'S(ホームズ)」のゆるキャラ"ホームズくん"がTwitterで紹介している物件を紹介したタイアップ事例です。「ホームズくんが紹介するおもしろ物件がエッジ効きすぎ」と、タイトルからツッコミ要素を盛り込んでいます。

HOME'S(ホームズ)のタイアップ記事

※物件によっては掲載が終了している場合があります
更新日: 2012年07月20日

次に紹介するのは、『のだめカンタービレ』の作者・二ノ宮知子さんによる新作漫画のまとめです。

漫画「87CLOCKERS」のタイアップ記事

「ニッチ過ぎるw」というのは一見して褒めてないように思えるかもしれませんが、のだめ作者の二ノ宮さんが新たに挑戦していることに対して期待感を持たせています。加えて各場面で、ユーザーが素直に思うだろうことに沿うようなツッコミを入れています。

企業の広告なのに、ユーザーと同じ目線でツッコんで書くことで、広く共感を得ることができました。またコンテンツの中身も「上から目線」の余計な情報が省かれているので、読みやすい内容になっています。

ゼロからコンテンツを作れる「livedoorニュース」では、ボケることが多いのですが、ネットの情報をまとめる「NAVERまとめ」は、ツッコミ芸も得意としています。ボケとツッコミはあくまでネットで支持されるコンテンツの一例にすぎませんが、メディアの性格によって、相性の良いコンテンツのスタイルも違ってきます。

第 *3* 章　ネット文脈に合ったコンテンツの形

広告なのにシェアされる
コンテンツマーケティング入門 | 第 4 章

広告なのにシェアされるコンテンツ

- **4-1** 商品は「褒める」のでなく「イジる」
- **4-2** 企業とコラボコンテンツを作る3×7=21のパターン
- **4-3** 付かず離れずの関係を作る―ネイティブ広告の構造
- **4-4** ネイティブ広告を活用できる企業、できない企業
- **4-5** クライアント企業からよく受ける質問Q&A

第4章 広告なのにシェアされるコンテンツ

4-1 商品は「褒める」のでなく「イジる」

　第3章で紹介した「ボケっぱなし」や企業のタイアップ記事でも自らに「ツッコミ」を入れるスタイルは一言でまとめれば、そこで扱うテーマ（広告の場合には企業や商品）を第三者目線で扱うということです。先ほども書きましたが、ネットはいわばツッコミの集合体です。そんな中で、企業が下手に自分の会社の商品を自画自賛しようものなら、「提灯記事！」とツッコまれるだけです。そこで、たとえ企業のPR記事であっても、私は「商品をむやみに褒めない」ことを基本に企画を作るようにしています。

　あくまで客観的な第三者目線で語るか、むしろ冷酷に扱った方がユーザーからは信頼されます。ここでは商品をどのように紹介したらユーザーに支持され、SNSでシェアされたかを紹介したいと思います。

　これに関連して、まず私がかつて作った記事を紹介したいと思います。SNS上で何がウケるかに関連し、次のような「女性がキモいと感じる、男性のSNS投稿の特徴」を調べた記事です。

"SNSキモ男"は本日卒業！押さえておくべき"SNSクール男子"の5大ポイント！

SNS投稿のキモさとクールさの分布図
（SNSキモ・クール分布図）

SNSキモ男　**自我**

構図・ポーズの不自然さ：
- 女の影を見せる
- 鏡で自画撮り
- カメラで自画撮り
- わざと目線はずし
- 裏ピース
- ダブルピース
- スベってる
- カメラ目線でキメ顔

SNSクール男子：
- 無邪気な笑顔
- 無心で集中
- 変顔ばかり
- しゃくれ隠しピース

自然さ／無邪気さ　→　自意識の強さ

出演：末野卓磨（俳優）

この記事は、海外ドラマ『ヒューマニスト』のPR記事として廣洋社との共同企画で作ったものですが、実際に女性を集めた座談会を開き、ヒアリングして作りました。女性がキモいと思う、SNS上での男性の行動の共通点とは「不自然さ」。反対にOKなのは「無邪気さ」と「自然さ」だそうで、ここでもネイティブ（自然）がキーワードになっています。

　なぜ、この記事を紹介したのか。それはSNS上で表情や発言がウソくさくて不自然だと、キモいと思われてしまうように、商品を"不自然"にホメているとウソ臭くて信用されず、さらにコンテンツが商品中心だと、単なる広告だと思われてシェアされにくくなるからです。

SNSで無視される広告コンテンツの特徴
（右上が無視・左下がシェア）

※逆に開き直って、商品をホメ過ぎてお笑いネタにする方法もありますが、特殊なので図からは省いています。

　どんなに「記事風」を装った広告を作っても、ネットではユーザーがダマされたと感じて炎上する恐れがあります。真に楽しんでもらえるコンテンツを作らない限り、シェアされないですし、多くの「ブランドストーリー」は、読者からすれば楽しくない、興味のないものなのです。もし商品の制作秘話など、ブランドストーリーが魅力的ならば、私も商品に

第4章 広告なのにシェアされるコンテンツ

沿ったコンテンツを作りたいです。何よりもクライアントに企画を通しやすく、単なる商品認知に留まらない、売り上げへの貢献も期待できるからです。

しかしユーザーが、そもそも商品の存在自体を知らず、説明も難しい商材の場合には、無理にブランドストーリーをもとにコンテンツを作るのではなく、あえて商品からは一見遠くてもユーザーにとって身近なコンテンツを提供するようにしています。そうしたアプローチをとらないと、ユーザーとの接点すら作れないからです。

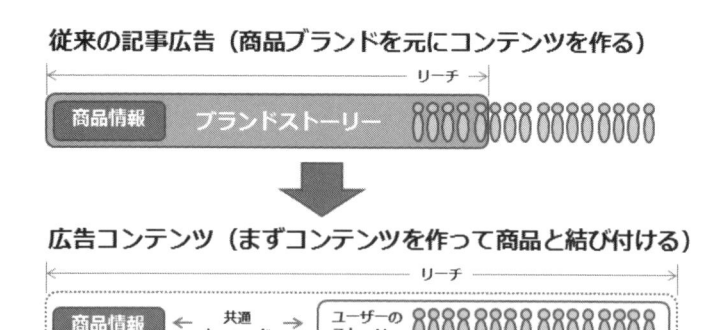

従来の記事広告（商品ブランドを元にコンテンツを作る）

｜←　　　　　　　　　　　リーチ　　　　　　　　　→｜

［商品情報］　ブランドストーリー　〇〇〇〇〇〇〇〇〇〇〇〇〇〇

↓

広告コンテンツ（まずコンテンツを作って商品と結び付ける）

｜←　　　　　　　　　　　リーチ　　　　　　　　　　　　　→｜

［商品情報］ ← 共通キーワード → ［ユーザーのストーリー］ 〇〇〇〇〇〇〇〇〇〇〇〇〇〇

上の図のように一つの記事の中で、商品情報とコンテンツの住み分けができれば、ユーザーも安心してコンテンツを楽しめ、シェアもしてもらいやすくなります。例えば「大阪の虎ガラのオバチャン」は、映画に登場する「虎」と関係がないことは明白です。商品を"褒める"のではなく、虎をキーワードにパロディを作るように、商品を"イジる"方が、コンテンツとして見られやすくなります。

時々、このような広告コンテンツを「ステマだ」と言う方もいますが、「広告だ」と明示しているので、ステマではありません。それでもたまに記事に「ステマする気がないステマ」とコメントする方がいて、何をもって、ステマだと思っているのか不思議に思う時があります。

ステマとは、広告であると気づかれないように隠れて広告をすることで

すが、そんな面倒なことをするよりも、明らかに広告だとわかる構成にしてコンテンツを作った方がよほど楽だし、安全です。ユーザーは「広告だから見てくれない」わけではなく、「つまらない広告だから見てくれない」だけです。広告であっても、面白いと思ってもらえるコンテンツであれば、ユーザーは楽しんで、シェアしてくれます。そしてそのようなコンテンツを提供している企業に対しても、好感が生まれます。

4-2　企業とコラボコンテンツを作る3×7=21のパターン

広告とコンテンツを一体化させる方法は、私がこれまでに紹介した事例以外にも、たくさんあります。ここではコンテンツと広告を組み合わせるパターンを紹介していきたいと思います。具体的には3つのグループと7つの項目に整理し、順に説明していきます。

企業とコラボコンテンツを作る3×7=21のパターン

商材をいじってよい場合	シンプルに作る	作りやすさ
A. 商材へのアプローチ	**B. 表現方法**	**C. 制作方法**
1. ストレート出演	1. 写真	1. スタジオ撮影
2. パロディ	2. イラスト・図解	2. ロケ撮影
3. 疑似体験	3. アニメGIF	3. モノづくり
4. 見える化	4. キャラクター	4. スポット取材・体験
5. アート化	5. 文章	5. インタビュー・対談
6. 対極法	6. 生放送	6. 座談会・調査
7. 間接キーワード	7. 動画・音楽	7. ユーザー投稿
商材をいじりにくい場合	リッチに作る	

まず左側の「A. 商材へのアプローチ」はコンテンツの中で、商品とコンテンツを組み合わせる方法です。中央の「B. 表現方法」は、コンテンツを主に何で表現するか。右側の「C. 制作方法」は、どのように素材を集め、編集するかです。A、B、Cそれぞれに7つの手段を明示しましたが、7つの中からどれを選ぶかは、「A. 商材へのアプローチ」では「商品をイジってよい」⇔「商品をイジりにくい」の軸、「B. 表現方法」では「シンプルに作る」⇔「リッチに作る」の軸で判断していきま

す。「C. 制作方法」は、制作に時間や手間をどれだけかけられるかにより、選べる手段が変わってきます。

例えば、前述の「トップバリュ」のカップラーメンを盛り付けるPR記事は、図の中に線を引いた「ストレートに商材（カップラーメン）に出演してもらい、盛り付け写真を撮影した」ということになります。

一番作りやすいのは、このように商材をイジってよい場合です。同じ、「A-1. ストレート出演」のパターンで、商品広告ではなく企業広告の場合だと、社長か社員の方に登場してもらうインタビュー記事や、対談記事が相当します。例えば最近で言えば、「子育て世代の生命保険料を半額にして、安心して赤ちゃんを産んでほしい」という思いで開業したライフネット生命保険のPR記事で、育児に関するインタビュー記事を作りました。

「A-1. ストレート出演」は比較的作りやすいのですが、企業広告の場合には社長や社員の出演がNGだったり、商材をイジれないケースが多いです。例えば食品関連の広告では、「食べ物で遊んでいる」というクレームが来るリスクを考え、お笑い系のコンテンツだと特に、「商品を出さないで欲しい」と言われるケースがあります。

こうした場合には、商材と離れた間接的なコンテンツを作ることになります。例えば下の写真は、とある金融サービスのPRで、「損切り」をキーワードとして、男を「損切り」するポイントを解説した、「サムライ女子にズバッと切り捨てられる ダメ男の5大ポイント」という記事のために撮影したものです。

モデル:神谷えりな(スチームガールズ:仮面女子)

医薬品や金融商品は、その効果・効能の説明において、様々な制約があります。そのため、この記事ではブランド名認知に振り切って、金融とはまったく関係がない恋愛記事として展開しました。前出の表の左下で「A-7. 間接キーワード」と書いているパターンです。

この記事では「散財男は切り捨て御免。恋も投資も"損切り"が大事」としているものの、商品に落としにくいので、できれば避けた方がよいパターンではありますが、状況によってはこういう方法もあるということを示しました。

4-3　付かず離れずの関係を作る—ネイティブ広告の構造

「企業とコラボコンテンツを作る3×7=21の具体的なパターン」を説明しましたが、これらは第1章で紹介したネイティブ広告の一つのスタイルと言えます。ネイティブ広告という言葉は、日本でもよく聞かれるようになりましたが、その難しさは、この手法にそもそもの構造上の矛盾があることです。というのは、ユーザーに「コンテンツ」として受け止めてもらうには、広告と一線を引いた作り方をする必要があるからです。一方で広告主としては、コンテンツが企業や商品に落ちなければ、発注する意味はありません。

ネイティブ広告の二重構造

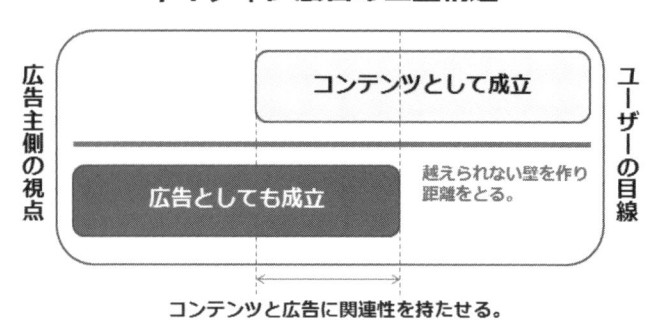

広告主側の視点｜コンテンツとして成立／広告としても成立｜ユーザーの目線

越えられない壁を作り距離をとる。

コンテンツと広告に関連性を持たせる。

つまりネイティブ広告は、コンテンツと広告を付かず離れずの関係にするという、ややこしい宿命を持っているのです。その一つのパターンが、「大阪の虎ガラのオバチャン」の事例で説明したようなパロディです。

また「カップラーメンをどこまで豪華に撮影できるか試してみた」の事例は、商品を主役としながら、広告したい特徴とまったく関係ないことで登場させることで、コンテンツと広告を付かず離れずの関係にしています。ちなみに、次の写真はカップラーメンを花で盛り付けた例です。

その他、先ほど紹介した21のパターン以外にも、特定の商品カテゴリにだけ使えるものがあります。例えばゲーム『A列車で行こう3D』のPRでは、最新作のテーマが「時代」だったため、PR担当「廣洋社」との共同企画で、次のような、電車の未来について特集したコンテンツを作りました。

超少子化！2030年の電車を妄想してみた

子ども専用電車

こちらも、ゲームを直接紹介するのではなく、「電車」をテーマにしたコンテンツで付かず離れずの関係を作りました。映画『ALWAYS 三丁目の夕日』や、『未来世紀ブラジル』のように、時代をずらした表現はウケやすいものの一つですが、広告企画として考えると、「電車」のような歴史があり、未来がある分野に限られてしまいます。

このように特定の商品カテゴリや、あるいはその商品でしかできないコンテンツは他にもたくさんあるはずなので、21のパターンから外れたものもたくさんあるという前提で、あくまで一つの型として、前述の図は活用してもらえればと思います。

4-4 ネイティブ広告を活用できる企業、できない企業

ここまで、「広告なのにシェアされるコンテンツマーケティング入門」という本を書き進めておいてなんなのですが、ネット上の広告企画の成否は、技術論以前に、クライアントの担当者の意識や理解があるかどうかにかかっています。ネイティブ広告と称されるものが、そもそも構造上の矛盾を抱えているため、従来の広告を作る発想で取り組むと、社内で理解を得られず、企画がとん挫してしまうケースも少なくありません。

手法や技術を知っても、そもそも従来の広告とは違うものであるという前提の理解なしに、「広告なのにシェアされるコンテンツ」は作れません。章の最後に、これまでに私がクライアントに提案した企画の中でボツになったケースと、通ったケースの担当者の方の傾向を紹介します。

CASE ①

- ✕ ボツ ▶ CTRなど、獲得系の広告と同様の指標で、全ての企画を判断している。
- 〇 通る ▶ 広告のタイプによってゴールと成果指標を明確に分けている。

私が企画しているようなコンテンツ系の広告だけを打つ、というクライアントはあまりいません。「LINEスポンサードスタンプ」などは別として、記事タイプの広告は規模が小さいので、広告主から見れば広告活動の一部であることが多く、「獲得系」とは別に、主に認知向上をゴールとした施策の一つとして依頼されるケースが大半です。

> **CASE ②**
>
> ✕ ボツ ▶ 「刈り取り」のみで「種まき」なし。
> ○ 通る ▶ 長く記憶に残る広告を作ろうと考えている。

　例えば生命保険のような購入タイミングが企業側から判断しづらい商材は長く記憶してもらい、ブランドのマインドシェアを高めることも目標の一つとなるので、コンテンツ系の広告とも相性が良いようです。

> **CASE ③**
>
> ✕ ボツ ▶ ネットと従来のメディアを同一視。企画やクリエイティブにも同様のことを求める。
> ○ 通る ▶ テレビCMは従来通りのクリエイティブで打ちつつ、ネットでは全く違った企画を展開している。

「テレビCMはベタに、ネットは奇抜に。」という方針のクライアントもいます。これは、ネットではベタにやっても無視されるだけなのを知っているからです。

> **CASE ④**
>
> ✕ ボツ ▶ 「もしスベったら…」と心配。
> ○ 通る ▶ 覚悟を決め、腹が据わっている。

　"腹"と言うと冗談みたいですが、実際に以前開いたコンテンツマーケティングのセミナーで、クライアントになぜ発注してくれたのかを聞いたと

ころ、「漢気」「覚悟」などと答えた方もいました。また先ほど、商品をイジることが大切だと書きましたが、そもそもクライアント側に商品をイジらせてくれる懐の深さがないと、企画は成立しません。腹と懐…。とても原始的な話になってきましたが、コンテンツという正解がないものを作る以上、何よりもまずはそこが関門になるのかもしれません。

ちなみにスベった場合、そもそも話題にならないので、スベったこと自体、あまり気がつかれません。逆にウケた場合は、拡散して認知されます。なので端から見ていると、ネットで成功している企業は全戦全勝、いつもウケているように見えてしまうものです。ですから第2章で書いたように、広告であっても継続的に、大量生産するための工夫が必要になってきます。

4-5　クライアント企業からよく受ける質問Q&A

第4章の最後に、特にクライアント企業の方からよくいただく質問と、それに対する私の考えをご紹介します。

Q：作るのは、お笑いコンテンツである必要はありますか？

　A：お笑いは非常に有効ではありますが、あくまで手段の一つにすぎません。テレビ番組にもバラエティ番組だけではなく、教養番組やドラマがあるように、様々なコンテンツで可能性があると思います。

Q：普通に広告を作って、流したほうがよいのではありませんか？

　A：多くの場合、クライアントはテレビや新聞を使った広告も打っています。ただ、その広告だけではリーチしない層へのアプローチを狙って、広告とコンテンツ一体型の企画を取り入れています。

Q：コンテンツだけ作れば、サイトは不要でしょうか？

A：時にはサイトも必要です。細部のデザインや機能、大胆な演出など、WEBサイトの表現力は高いので、WEBコンテンツだけでは表現できないことも多々あります。案件によって使い分け、または両者をセットにして展開することも多いです。

Q：テレビやお笑いのコンテンツと、どこが違いますか？

A：ネットのコンテンツはボケかツッコミ、どちらかしかないと前章で説明しましたが、それに加えて前提として、オチまでのスピードが違うことがあると思います。例えばラジオ時代の漫才は、オチまでずいぶん時間がありました。テレビのコントでもまだ余裕があります。ネットだと、SNSのタイムラインで見た瞬間に笑えるかどうかの勝負になるくらい、スピードが速くなっています。

Q：スマホとPC、視聴されるデバイスが変わると、ウケるコンテンツも変わりますか？

A：かなり違うと思います。ざっくり分けるとスマホは若者向け、PCは熟年層向けということになるのですが、もう一つ、スマホは画面が小さく、情報量も限られるので、PCより没頭して、集中して見ることも影響してくると思います。その結果、例えばPCではリアルな記事がウケ、妄想系の記事はウケませんが、スマホでは妄想でもウケます。これについては私も試行錯誤している段階なので、コンテンツごとのPCとスマホのアクセス比をみて、何が違うのかを毎回検証しています。

Q：コンテンツを配信するには、メディアのニュース記事が最も良いのでしょうか？

A：目的によると思います。例えばLINEではかつて、「LINE Corporation ディレクターブログ」という、WEBディレクターの求人を目的と

した、WEBディレクションのノウハウ記事を、従業員が持ちまわりで書いていて、実際にそれを読んだ読者が応募してくるなど、求人につながっていました。一種のオウンドメディアですね。

これは対象ターゲットが狭く、長期的な展開だったため、ブログで実用的な記事を更新するスタイルが合っていたからです。一方、新作映画などをPRする場合は、より広いターゲットに、短期的にリーチすることが求められるので、メディアで配信するバズ狙いのニュース記事の方が向いています。

ただ、真面目路線のオウンドメディアであっても、たまに話題作りの記事を配信すると、普段とのギャップが出て非常に有効なようです。それについてはこの本の後半で、ヤマハ発動機の例を紹介しています。

Q：ネイティブ広告は、記事広告のように昔からある考えではないでしょうか？

A：まったく新しいと言うのも、まったく昔と同じだと言うのも無理があると思います。例えば昔からある特撮ヒーローのTV番組と、ヒーロー玩具のCMはコンテンツと広告が両立した、ネイティブ広告の一つだと思いますが一方で、LINEのスポンサードスタンプなど、最近登場したものもあります。

また従来の記事広告も個別に見れば、読者が十分楽しめるものもありました。しかし全体として見ると、やはり昔のものは（現代の視点で見れば）企業目線が強すぎると思います。これまでご説明したように従来の「見せる」から「使う」へコンテンツの文脈が変化しているので、求められる作り方と中身が違っています。

つまり昔からあったものが、環境の変化によってその可能性が高まり、格段に進化しているという話で、古いか新しいかという問いに意味はないと思います。むしろ怖いのは、これだけ環境が変わっても、昔と何も変わらないと思ってしまうことではないで

しょうか。

Q：広告であることを明示する必要はあるでしょうか？

A：必須です。例えば「livedoor」ニュースでは、記事末に「PR記事」等と明記しています。冒頭でご紹介した「THE NATIVE ADVERTISING PLAYBOOK」でも、広告であることをユーザーにわかるようにするのはネイティブ広告の原則だと書かれています。

広告表記をしないで欲しいというクライアントもいるかもしれませんが、その場合は「多くのユーザーは広告かコンテンツかなんて気にしていません。面白ければ広告でも見られますし、逆に広告だと明記しておかないとステマだと言われて炎上する場合もありますよ」といった説明をすると良いと思います。

Q：コンテンツを作る際に、最も大切なことはなんでしょうか？

A：「時間を速くする」ことが最も重要だと思います。というのは、ユーザーの視点になれとはよく言われますが、ユーザーは非常に速い速度でどの記事を読むかを取捨選択しています。よく考えていない、無意識に近い行動と言えます。

一方、記事を作る側は、時間をかけてじっくりと読んで精査します。そのため、考えれば考えるほど、考えていないユーザーと時間感覚がズレてしまい、トンチンカンなモノができあがります。意識的であるほど、時間は遅くなってしまいます。

これを回避するには、たとえ自分が作った記事であっても、初対面の人に会ったときのように、パッと瞬間的な判断をできるように、「判断は速くするほど正確になる。」という考えをもって、日ごろから判断する時間を速くする習慣をつけることが大切だと思います。とは言うものの、これが最も難しく、私もまだまだ修業中です。

また記事のアイデアも、この速い時間から生まれたものでなけ

れば、同じ理由でウケないと思います。そのため、できるだけ長考しないように、言葉を排除して、イメージだけで考えるようにしています。

広告なのにシェアされる
コンテンツマーケティング入門 | 第5章

コンテンツ作りの実践論

- **5-1** 「表紙絵」にこだわり、ユーザーを引き付ける
- **5-2** 「インパクト」は「記憶術」から発想する
- **5-3** 企業・商品とコラボしたコンテンツの作り方
- **5-4** 「商材へのアプローチ」でパターンを広げる
- **5-5** コンテンツ制作のフォーマットいろいろ
- **5-6** [特別レポート]谷口流を実践した担当者に聞く！

第5章 コンテンツ作りの実践論

5-1 「表紙絵」にこだわり、ユーザーを引き付ける

ここまで概念的な話が多かったので、第5章では具体的なコンテンツ制作の方法論について説明していきます。私がコンテンツを作る時に最も力を入れるのが、最初に表示する「表紙絵」です。

モデル:KONAN　制作:趙燁（ちょうひかる）

この写真は、2014年1月8日にリリースされた映画『ウルヴァリン：SAMURAI』のブルーレイ&DVDのPRで、「新幹線の刺青を入れた女」という記事を20世紀フォックス ホーム エンターテイメント ジャパンと、PR担当「廣洋社」との共同企画で作った時の表紙絵です。映画の中に出てくる「新幹線」と「極道」というキーワードを取り出し、それを組み合わせて刺青として表現したものです。

モデルにボディペイントする時間を含め、撮影には合計8時間ほど要しました。ここまで手間をかけるのは、最初の写真でインパクトを出せる

と、PR記事の平均PVの5〜15倍のアクセス（当社比）があるからです。またタイムラインで写真が表示されるFacebookでは特にシェアされやすくなります。

写真の画質は良いに越したことはありませんが、スマホで見るとそこまで差はないので、なによりも「構図にインパクト」があり、かつ「どこか違和感がある」写真になるように心がけています。単にキレイな写真よりも「どこかおかしい」「違和感がある」写真の方がSNS上でツッコまれやすいからです。

ネットではフリー素材の写真も手に入りますが、それらの多くは、汎用的に使える反面、インパクトに欠けています。ですから、オリジナルで写真を撮り下ろすことで、他の記事と差をつけることができます。

5-2 「インパクト」は「記憶術」から発想する

私が写真をはじめとしたビジュアルの構図を考える際に「違和感」を重視するのは、それによりインパクトが生まれるからです。そして「インパクトがある」とは、いかに「記憶に残るか」であると考えています。例えば映画でも、強烈なシーンほど記憶に残りますよね。一例をあげると

第5章 コンテンツ作りの実践論

ホラー映画『シャイニング』で、破壊したドアからジャック・ニコルソンが顔を出すシーンは有名です。

そして広告のアイデアこそ、いかに商品を記憶してもらうかが大事になります。であれば、「どうすれば記憶されやすいか」という仕組みを知れば、アイデアを発想しやすくなるのではないでしょうか。

記憶術には様々ありますが、最も応用できるのが、いわゆる「ごろ合わせ」です。日本史の年号等々、脈絡のない数字や文字をゴロ合わせで覚えた経験を皆さん、お持ちだと思います。この方法の応用で"ありえない映像"に変換して覚える方法があります。

何かのパスワードで「4ru24」という脈絡のない文字を覚える場合を考えてみましょう。この場合、「4ru=よる=夜」「24=にじ=虹」と変換して、次のような「夜の虹」という、ありえない映像をイメージすれば、インパクトがあるので記憶しやすくなります。

Original photo by CEBImagery.com

これがもし、「昼の虹」であれば当たり前すぎて、記憶の中にある「虹」の映像が呼び出されるだけ。脳に何も書き込まれず、印象に残りません。

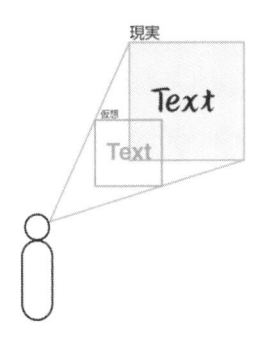

我々は普段、目の前の現実をきちんと見ておらず、この図のように、現実に似た過去の記憶を見て生活しています。対象そのものをじっくり見るより、対象がどの記憶に似ているかを判断することで素早く情報の処理をしています。できるだけ脳に新規の書き込みを減らせるので効率的ですが、この仕組みこそ、記憶を妨げる原因になっていると思います。

しかし、ありえない組み合わせによって、「これは新しい情報である」と判断されれば、脳に「夜の虹」が初めて書き込まれ、記憶に残ります。要は「これは、新しい情報だ」と脳をダマすような、ありえない組み合せを作るのです。「火星に生物が発見された！」など、本当に新しい情報はそうそう出てきませんから、既存の要素を組み合わせて、これまでにないものを作る方が効率的です。「そんなの思いつかないよ…」と思うかもしれませんが、ランダムな数列やキーワードを絵に変換するだけで、たいていありえない構図が作れます。

ハトマスク提供:林雄司(デイリーポータルZ)

第*5*章 コンテンツ作りの実践論

「アイデアとは既存の要素の新しい組み合わせ以外の何ものでもない」というのは、ジェームス・W.ヤングの世界的なロングセラー本『アイデアのつくり方』の有名なフレーズですが、これまで説明した内容と比較すれば、あらためて「アイデアと記憶術は近い」ことがわかります。

つまり優れたアイデアとは記憶されやすく、だからこそ、広く普及もするのだと思います。これは、映画や小説のようなコンテンツから、広告、さらに商品といったアイデアが形になったあらゆるものに共通することだと思います。

日常の中では、アイデアを作る機会よりも、何かを記憶しなければいけない機会の方が多いと思います。日ごろから記憶術を使う習慣を身に付ければ、結果としてアイデアを出す力もついていくと思います。

さらには記憶する必要がなくても、目の前に広がる光景の中で、最もふさわしくないモノを登場させる妄想を楽しむようになれば、アイデアを日々の生活の中でストックできるようになると思います。ホドホドにしないと病気になってしまうかもしれませんが…。

ちなみに漫画家の蛭子能収さんは、お葬式でよく笑ってしまうそうですが、それは、お葬式にふさわしくないモノを妄想しているからかもしれません。「笑ってはいけない」など、その場の禁止ルールが決まっている方が、ルールを破ったありえない組み合わせを作りやすいからです。

　違和感は、ありえない組み合わせの他に、モノや人を極端に大きくしたり、視覚的に変化させることでも作れますが、お葬式の例のように、社会的なルールから逸脱させることでも作れます。重要なモノを乱暴に扱ったり、逆につまらないものを丁重に扱ったり、場の空気を壊したり、様々な想像ができると思います。

　例えば、私の好きな劇作家ブルースカイさんの劇では、「UFOが出現しているのに誰も気にせず世間話をしている」といった、重要なものを軽く扱う例や、「お嬢様がブタのモノマネを召使いの前でする」という、主従が逆転するシーンがよく出てきます。

　召使いいじめをするのが大好きなお嬢様がいて、召使いに「ブタのまねをしなさい」と命令する。召使いが黙っていると、お嬢様が「こうするのよ!」と叫んで「ブヒー!」「ブヒー!」と召使いのまわりで四つんばいになって、ブタのモノマネを延々と行う。しばらくして、「あ〜召使いいじめって楽しいわ」と言いながら去って行く…というものです。

　また「ありえない組み合わせ」のビジュアルに加え、「物語」も盛り込むと、よりコンテンツをよく記憶してもらう（＝インパクトを作る）ことができます。例えば、先ほどの「夜の虹」は、実際に月の光の加減によって見られる時があり、ハワイでは「夜の虹は、先祖の霊が祝福してくれているのだ」という物語があるそうです。そういった物語があると、さらに覚えやすくなります。

　ストーリーが記憶に有効なのは、おそらくそれによって、感情が揺り動かされ、脳内に強い印象を与えられるからだと思います。76ページで紹介した記憶術でも、できるだけショッキングな映像を想像した方が、感情が刺激されて覚えやすくなります。

第5章 コンテンツ作りの実践論

　私はスマホで読まれること意識した、写真とテキストだけで構成するコンパクトなコンテンツを「フォト紙芝居」と呼んで、多く制作してきました。冒頭の「新幹線の刺青を入れた女」でも、簡単ですが、なぜ彼女が新幹線の刺青を入れることになったのか?というストーリーをつけています。

　通常はストーリーをまず考えて、その中で写真の構図を決めると思いますが、「アブダクション」という思考法を使うと、写真からストーリーを作れます。アブダクションは次のように、奇妙な事実から、その事実を生み出した前提を想像する手法で、帰納法、演繹法とはまた違うので、第三の思考方法と呼ばれることもあります。

　予想していない事実が見つかる。　＞　しかし、もし仮説Xが真実であれば、当然だろう。

　アブダクションで有名なのは、ニュートンの万有引力の発見です。

　リンゴは、すべて地球の中心に向かって落ちている。　＞　物体同士が

互いに引き合っているならば、当然だろう。

　リンゴが落ちるのは当然じゃないか、と思うかもしれませんが、ニュートンは、なぜ正確に地球の中心に向かって落ちるのだろう?という点に驚いていたのです。この方法を使うと、まず意外な写真を作っておいて、逆算でストーリーを作ることができます。

　例えばガンダムでは次のように、モビルスーツを正当化する理由を後づけしています。

　未来なのになぜかモビルスーツで白兵戦をしている。　＞　しかし、もしミノフスキー粒子によってレーダーが無効であれば、当然だろう。

　新幹線の記事でも写真からストーリーを考えています。

　新幹線の刺青を入れた女が見つかる。　＞　生き別れた子どもが新幹線を好きだった。

　このように、今回紹介した「記憶術」と「アブダクション」で、違和感のある写真と、それに伴うストーリーを作れると思います。

5-3　企業・商品とコラボしたコンテンツの作り方

　さて、ここまで情報過多のネットの中でもユーザーの目に留まり、印象にとどめてもらうコンテンツを作るには、「ありえない組み合わせ、構図のビジュアル」と「物語性」が重要と説明してきました。その要素を取り入れた「フォト紙芝居」は制作がしやすく、企業の広告でも取り入れやすいので、企業・商品とのコラボコンテンツの中でも「フォト紙芝居」

形式の事例を紹介しながら、制作パターンを解説していきます。

第4章で紹介した「企業とコラボコンテンツを作る3×7=21のパターン」をもとに、写真がメインコンテンツとなるものに線を引いてみました。

企業とコラボコンテンツを作る3×7=21のパターン

商材をいじってよい場合　　　シンプルに作る　　　　作りやすさ

A. 商材へのアプローチ
1. ストレート出演
2. パロディ
3. 疑似体験
4. 見える化
5. アート化
6. 対極法
7. 間接キーワード

B. 表現方法
1. 写真
2. イラスト・図解
3. アニメGIF
4. キャラクター
5. 文章
6. 生放送
7. 動画・音楽

C. 制作方法
1. スタジオ撮影
2. ロケ撮影
3. モノづくり
4. スポット取材・体験
5. インタビュー・対談
6. 座談会・調査
7. ユーザー投稿

商材をいじりにくい場合　　　リッチに作る

5-4 「商材へのアプローチ」でパターンを広げる

【パターン1】 身近なものに置き換えてみる

まずは「A-2. パロディ」ですが、これは商材が映画やドラマの場合、似た状況を身近なもので再現してみるというパターンです。映画に登場するシチュエーションは、現実からかけ離れたものも多いので、パロディで笑ってもらいながら、身近なものに置き換えることで、親近感をもってもらうのが狙いです。

映画『ライフ・オブ・パイ/トラと漂流した227日』で、トラを大阪の虎ガラのオバチャンに置き換えたのもパロディですが、例えばF1を舞台にした映画『ラッシュ/プライドと友情』では、PR担当「シネブリッジ」との共同企画で、F1のデザインをした三輪車で、子どもたちにレースをしてもらいました。

83

ネットではよく「完全に一致」という、たまたまそっくりな構図になった写真が話題になることがありますが、これを意図的に作る方法です。

【パターン2】 アートを作ってしまう

「A-5. アート化」は先ほど紹介した、映画『ウルヴァリン-SAMURAI-』で、「新幹線の刺青を入れた女」の記事を作ったように、アートっぽく表現する場合です。この場合、先ほどご紹介した記憶術の要領で、商材のキーワードを使ってアートに変換するようにします。

また次の写真は東洋インキの身近な色が調べられるアプリ「TUBU COLOR（ツブカラ）」のPR記事で、背景の色を調べて、そこに溶け込める服やスカートを作ってみた記事です。

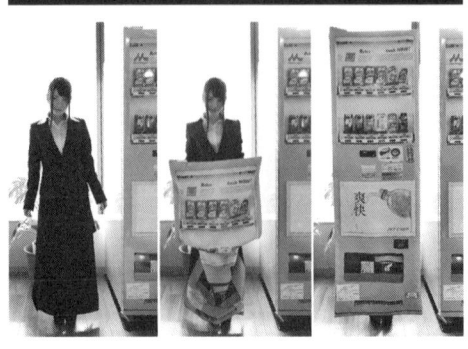

モデル:神谷えりな
衣装制作:月岡彩

これらのケースのように、商材のキーワードや使い方などを、クリエイターに表現してもらうのは、広告をコンテンツ化する時に使いやすいパターンの一つです。日ごろからクリエイターや注目作品をチェックしておいて、もし商材と結びつきそうなものがあれば、クリエイターに直接相談してみましょう。

【パターン3】　商品の特徴を疑似体験してもらう

　次に紹介するのは「A-3. 疑似体験」です。これは例えば、次のようなクイズで、商品の特徴を体験してもらうケースです。

　この記事は、「プロファイリング」がテーマのドラマのPR記事だったため、スマホの持ち主をプロファイリングして当てるクイズを出し、疑似体験をしてもらったものです。こういった企画の場合には、記事以外に、次ページのような診断コンテンツを作るケースもあります。

　次は色をテーマにしたアプリのPRとして作ったもので、色だけでお寿司を注文できるかクイズを出し、日本人のレベルを診断してくれるコンテンツです。

【パターン4】 見えない商品特徴を見える化する

次に紹介するのは「A-4. 見える化」です。例えば消臭剤など、匂いに関するものは、その効果を見せることができません。この場合は例えば、次のように「臭いからマスクをする」といった周囲のリアクションで視覚化することができます。

モデル:スチームガールズ

見える化には様々な方法があり、例えば第1章でご紹介した「バカ日本地図」も、脳内の日本地図を見える化したものです。こちらはそれを発展させた「バカ世界地図」です。ちなみに世界地図は英語版も作り、世界中の人に参加してもらいました。

　また、言葉もイラストなどで見える化すればインパクトを出せます。次は、間違って覚えていた日本語をイラスト化したものです。

イラスト:Toshi-B

第5章 コンテンツ作りの実践論

【パターン5】 問題点を極端に際立たせる

最後の「A-6. 対極法」は、問題点を極端に際立たせる方法です。例えば、「おしゃれさを重視する美容院の地図はわかりづらい」という問題があったとします。要はカッコよさを求めて、デザインしすぎるあまり、どんどんわかりにくくなっているのだと思いますが、これを視覚的に表現すると、「やりすぎるくらいにカッコよさを追求してみる」ことになります。

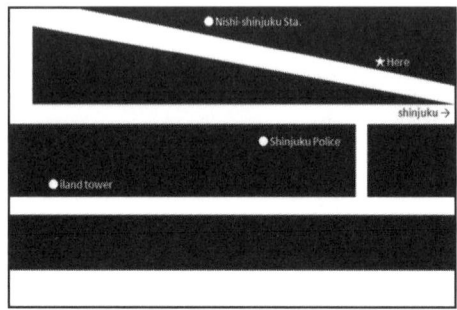

まずはモンドリアン風にしてみました。

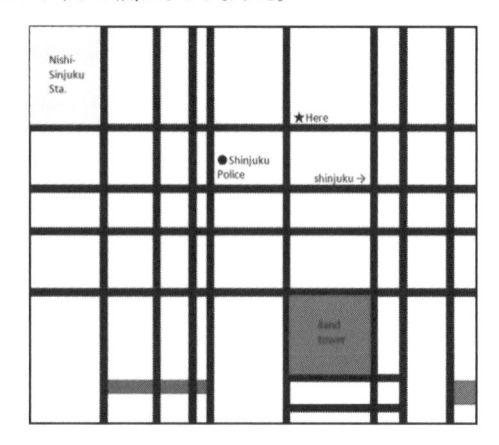

そしてゴッホ風に。

「地図はカッコよくするより、わかりやすくしてくれ」ということを言いたいがために、「わかりやすい地図を描いてみせる」のではなく、対極にある問題をやりすぎるくらい追求してしまうという方法です。

その他にも、あるブログの更新終了の告知で、次のようなストーリーでお知らせを書いたケースもあります。

「もし○○が終わらなかったら」というタイトルで、
ダラダラと終わらずみっともない例を沢山あげる。
▼
物事はキレイに終わった方がよい。
▼
このブログの更新も終わります。

第5章 コンテンツ作りの実践論

これも対極に一度、振ってみたパターンです
ちなみにこの記事の最後は、次のような文章でしめています。

> 以前、恋を終わらせる「縁切り寺」に取材に行きました。
>
> そして住職にこう質問しました。
> 「キリスト教では離婚が禁止の宗派もあるのに、なぜ仏教には縁切り寺があるのですか?」
> すると、「縁切りとは縁結びのことなんです。悪い縁を切るから、良い縁にめぐり合いやすくなるんですね。だから仏教の縁切り寺は、縁結び寺なんですよ」という深い答えが返ってきました。
>
> 終わるから始まる。
>
> そしてこのブログも、今年をもって終わります。

例えばこちらは、もし男性アイドルが、初老になってもアイドル路線を続ければ、ドラマの内容はどうなるのか想像してみたものです。

5-5　コンテンツ制作のフォーマットいろいろ

　ここまでで「A. 商材へのアプローチ」を紹介しましたが、3×7の組み合わせ次第で、まだまだたくさんのパターンが作れます。制作のしやすさの観点から一部を選んで、紹介します。

【パターン1】　情報をまとめる「図解」

　せっかちな人が多いネットでは、情報をまとめた図解が人気です。図の中では「B-2. イラスト・図解」としている部分です。例えば次の図解は、源氏物語の主人公、光源氏のハーレムをまとめてみたものです。

```
光源氏３５歳時のハーレム（六条の院）
　　　　　　　約500メートル

北西：冬の間              北東：夏の間
1. 明石の方              2. 花散里
26歳。美人で性格も        年齢不詳。
良いが身分が低い。         ブスだが性格
                        が良い。
                        3. 玉鬘
                        20歳。昔の恋人
                        夕顔の娘。美人。
                                          約
            道路                          500
                                          メ
西南：秋の間              東南：春の間      ー
4. 秋好中宮              5. 紫の上        ト
26歳。昔の恋人、          27歳。美人で     ル
六条御息所の娘。美人。      身分が高い。

                        6. 明石の姫
                        7歳。
                        明石の方の娘。

        別宅（二条東院）

7. 末摘花              8. 空蝉
年齢不詳。              年齢不詳。
とてもブス              過去1回
だが一途。              Hした尼。
```

第5章 コンテンツ作りの実践論

書籍も、4コマくらいに要約してあげた方が、ネット的です。

『無邪気だけが残った』
児玉清氏著「負けるのは美しく」より

孫にせがまれ初代ウルトラマンを見た児玉清は、同世代の俳優をそこに見る。

制作当時、キワモノとされた怪獣物は出演する俳優までバカにされた。

映画全盛当時は深刻な文芸作品が主流。監督は厳格でその命令は絶対だった。

大物監督

1人、植木等の『無責任男』シリーズの古沢監督だけがひょうきんだった。

戦場を経験した監督は深刻さを嫌い、おどけて役者の無邪気さを引き出した。

現在、過去の文芸作品は忘れられたが、今でもウルトラマンは輝いている。

『無責任』シリーズも今でも楽しめる。結局残ったのは無邪気な作品だった。

92

【パターン2】 実際のモノを作ってしまう

「C-3. モノづくり」は、私もよく実践する方法で、例えば次のように大阪のオバチャンを量産してみたこともあります。

他にも次の「地上最強の水鉄砲」など、意味のない工作はウケやすいモノの一つです。こちらは高圧洗浄機をベースに作ったもので、ロシア美女に持ってもらい、暴れまわってもらったものです。

【パターン3】 スタジオ撮影で、ロケ撮影風に見せる

　最後に撮影方法について少しだけ触れます。ロケ撮影より社内やスタジオで撮影した方が簡単なので、私がよくやるのは、人物をスタジオか会社で撮影して、背景は素材集から探してきて合成する方法です。例えば次の写真も、スタジオで撮影した人物と、素材集の銭湯の写真を合成したものです。

　写真は撮り下ろした方が良いと言いましたが、このような背景は素材集を使った方が便利です。

　ローコストで良いものを作るために、工夫できるポイントはたくさんあると思います。どこにコストをかけ、どこを削るか、の工夫が必要です。

　写真は手軽に作れますが、動画もシンプルに作ればそこまでコストはかかりません。例えばこちらは2014年3月28日にブルーレイ＆DVDがリリースされた映画『謝罪の王様』のPR記事で、様々な土下座のパターンを動画で撮影したものです。

動画で撮影するのは土下座の動きのみにして、他は写真とテキストで表現することで、撮影のコストを抑えています。また、動画はすべてGIFアニメーションに変換することで、自然に目に入るようにしたところ、非常にウケた記事の一つになりました。

このように、撮影する部分を非常に限定することでシンプルにするか、もしくは「ニコニコ動画」などの生放送で、動画の編集作業を省くことでも、コストパフォーマンスの良いタイアップ動画コンテンツをどんどん作れると思います。

5-6 ［特別レポート］谷口流を実践した担当者に聞く！

　映画『ライフ・オブ・パイ/トラと漂流した227日』のブルーレイ＆DVDのPR用コンテンツとして制作された「大阪の虎ガラのオバチャンと227分デートしてみた！」。このコンテンツに刺激を受け、自社サイト内で5つの「フォト紙芝居」コンテンツを制作。人気になったコンテンツはツイート数、いいね！数ともに9000近い反響を獲得したヤマハ発動機の広報宣伝部・常本雄介さん。常本さんに、コンテンツ制作の狙いとそのプロセスを聞きます。

　ヤマハ発動機の広報宣伝部は、広報・宣伝・WEBの3グループから構成されているのですが、私が属するWEBグループは、企業サイトと日本製品サイトの運営と全世界のグループ会社の統括が役割です。
　今回のコンテンツは、2013年11月22日から東京モーターショーに出

展するタイミングで開設した特設サイト内に掲載したもの。谷口さんの「大阪の虎ガラのオバチャンと227分デートしてみた！」を参考に社内で企画を考え、絵コンテを描き、撮影からコピーライティングまでWEB制作会社の協力を得ながら、代理店を通さずほぼ全て自社内で制作しています。

　二輪車ユーザーは高齢化が進んでいて、四輪車以上に若者離れが深刻です。いかに若いユーザーとの接点を作るかが課題になっています。そこで、普段のヤマハのイメージと大きなギャップのあるコンテンツで新規ユーザーとの接点を作り、最終的には東京モーターショーへの集客に貢献することを目的に今回のコンテンツを制作しました。

　谷口さんが作った「大阪の虎ガラのオバチャンと227分デートしてみた！」を見て面白いなと思っていたところに解説記事も見つけ、「なんだ、簡単にできるんだ（笑）」と思って、チャレンジしてみました。安くできる、簡単にできる、というのが作ってみようと思った理由です。

　（以下、聞き手は著者）

—— **オウンドメディアでこういう企画に挑戦するとは、チャレンジングですよね。**

　外部のメディアを使うことも考えたのですが、普段はマジメなヤマハの公式サイトに載せた方がギャップがあって、インパクトが出るかなと思って。

—— **普段は、マジメという振りがあって、面白いことをするからいい。**

　はい。ギャップをつくるという意味では、こういうコンテンツはたまにしか出せないな、と思っています。次に何かに挑戦するとしても、ちょっとインターバルを置いてからだなと思っています。

—— **社内をどう説得したんですか？**

　基本は説明しない（笑）。とりあえず試作を作るので、それを見て判断してほしいと話しました。部内の若手女性1人と、（宣伝会議の講座で知り合った）外部若手コピーライター1人とWEB制作会社で約80案の企画を考え、さらにそこから作りやすそうで、かつ社内の理

解も得られるであろう、ちょっとマイルドめな企画を20点ほど選んでコンテを制作。最終的に、5つのコンテンツを作りました。

—— 私はスマホで読まれることを意識した、写真とテキストだけで構成するコンパクトなコンテンツを「フォト紙芝居」と呼んで制作してきたのですが、その構造は常本さんがおっしゃるように本当にシンプルです。オリジナルの写真と、最小限のテキストがあればいい。あと、私が常本さんのコンテンツで、すごいなと思ったのは明らかにフィクションなところ。私はリアルさがある企画の方が支持されると思っていたので刺激されました。最近のネットのコンテンツは、ドラマ的な要素、ドラマって人の人生だと思うんですけど、そういう要素が盛り込まれている方が単なるお笑いネタよりもシェアされやすい気がします。常本さんの企画には、このドラマ的要素も盛り込まれていますよね。

そんなに深いことまで考えていなかったですが…。「虎ガラのオバチャン」を何度も見て、その構造をどう自分たちの企画に落とし込むかを考えました。例えば、スマホで見られることを想定していたので、特につかみになる写真は重視しています。あと、「虎ガラのオバチャン」で私が違和感を抱いていたことがあって、それはオバチャンの若いころの話がオチになった方がよかったのではないか、ということ。そこで、自分たちで作るときにはつかみ、そしてオチをきちんとつけるということを意識しました。

—— なるほど。私の場合、広告商品である以上、記事の最後は広告にしないといけない、と思い込んでいたかもしれません。確かにオチをつけて終わった方がシェアされるなら、その方がよいかもしれませんね。私はコンテンツを作る際に、最初に違和感がまずあって、その後、共感、最後に満足感があればシェアしてもらえるコンテンツになると思っています。その点、常本さんのコンテンツはこの3要素が揃っていますよね。

あとスマホへの対応を考え、テキストと画像を極力シンプルにし、山手線の一駅分で読めるくらいの量を意識して作っています。

—— さらなるスマホの普及を考えると、コンテンツはもっとコンパクトにしていかないといけないなと思っています。

社内ではよく「動画を作ったほうがよい」と言われるのですが、予算的になかなか動画制作に手を出すのは厳しいですね。

―― 動画も挑戦していきたいですが、実感としてGIFアニメくらいの短い動画の方がウケやすいし作りやすく、フォト紙芝居にも組み込みやすい。生放送ならまだしも、編集した尺の長い動画でウケるのは難しいですよね。

　動画の領域は成熟しているので、なかなか目立てないですが「電子フォト紙芝居」スタイルは、自分たちの身を切れば（笑）、面白いことができそうな気がしています。それに商品をイジるのも、外部の人よりも社内の人間の方が商品のことを熟知しているので、ボケやすいかなと思います。ただ二輪車という商品特性上、例えば危ない乗り方を誘発するような商品のイジり方とか、安全にかかわる部分の表現には注意しています。
　今回は企画を考えたのも、現場で撮影をしたのも社員。あと、一部のコンテンツでは出演者も社内で探してお願いしました。普段からおつきあいしているＷＥＢ制作会社の方にも協力してもらいながら、撮影は1日で終わりました。制作会社にとっては制作費が安く済むコンテンツは、嬉しくないかもしれませんが、自前で作ろうと思っている企業にとってはありがたい方法ですね。

―― むやみに制作費をかけても、その制作費を回収できなければそこで終わってしまう。コンテンツのローコスト化は、なによりもコンテンツを配信し続けるために大切だと思っています。

　昨年はデータを取っていなかったので比較はできないですが、コンテンツの成果として東京モーターショーのヤマハブースの来場者のうち、23〜24％くらいが、当社ＷＥＢサイトがきっかけ、スペシャルサイトとして月間100万ページビュー超えという結果が出ています。一定の成果はあったのではないかと思っています。

第 5 章 コンテンツ作りの実践論

ヤマハ発動機「三輪車男」こと、俺の話を聞いてくれ。

この界隈で「三輪車に乗ったデカい人」といえば、俺のことだ。

移動だけじゃない。デートにも三輪車で参上するのが俺の流儀。

段差にぶち当たったときに、しんどいと感じることもある。

だが、乗り越えていく快感は、どこか人生のそれに通じていると思うんだ。

俺が三輪車と出会ったのは、3歳のクリスマス。

目を覚まして憧れのマシンを見つけた俺は、すぐに飛び起きたんだ!

これが三輪車に乗った俺。どうだい、キマってるだろ?

見た目通り、いつも厳格な親父だったが

公園では、時間を忘れるほどに遊んでくれた。

俺は、そんな親父のことが大好きだったんだ。

第5章 コンテンツ作りの実践論

だが、そんな親父が突然、夢を追うために家を出た。

幼かった俺に残された手紙には…、

「さんりんしゃ、だいじにしてね。また えがおで あおうな。」

俺は親父の伝言を守った。男同士の契りだから当然だ。

たとえ友達が自転車に乗り始めても、声変わりをしても。

俺の青春は、常に三輪車とともにあった。

大きくなっても三輪車に乗るのは、見た目以上にキツイ。

成長とともに下半身が異常に発達した俺は、ラグビー部に勧誘された。

持ち前の筋力と親父譲りの根性のおかげで、トップリーガーになることができたんだ。

だがしかし、社会人になって100キロを超えた俺を毎日乗せた三輪車にも、とうとう寿命が来てしまったんだ…。

専門家にも相談したが、誰にも直せなかった。

親父と笑顔で再会する日まで、三輪車に乗っているはずだったのに…。

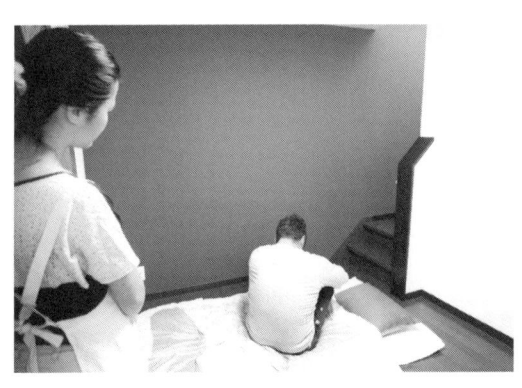

三輪車が破損して以来、落ち込んで、塞ぎこんだまま迎えた12月。

母は「サンタさんに、なんてお願いするの?」と聞いてきた。

そんなもの決まっているさ、俺の望みは「三輪車の復活」だけ…。

でも、どんなに強く願おうが、親父のくれた三輪車は戻ってこないんだ。

クリスマスの朝。俺の枕元にあったのは…

第5章 コンテンツ作りの実践論

新しい三輪車…いや、ヤマハのLMW(Leaning multi wheel)コミューター、TRICITYじゃないか!その均整のとれたデザインに、俺は一目で虜になった。

そして、もう一度笑うことができたんだ。このマシンとともに。

TRICITYは、とってもスポーティで楽しい!濡れた道路や未舗装路での安定感が違う。

乗り心地もいい。さすがはヤマハのテクノロジーから生まれた新世代の三輪バイク。

この前輪の傾き、確かに俺の三輪車にはなかった。

ある日、TRICITYに跨って信号待ちをしていると、隣のライダーが話しかけてきた。

「三輪車、ちゃんと乗っているんだな。」

その厳しくも優しい声には、どこか聞き覚えがあった。

いや、いくら時間が経とうとも忘れはしない。この声は…。

「おっ、おやっ…ん、んんっ、親父か!?」

ヘルメットを取って現れたその顔は、性別を変えて生まれ変わった親父だった。

知らなかった。親父が追いかけた夢って、ニューハーフになることだったのか。

もはや親父の姿なんて、ちっぽけなことだ。

俺たちが親子であることは変わらないのだから。

「また笑顔で会おう」、その約束は、こうして無事に守られた。

三輪車に乗り続けて本当によかった。ありがとな、TRICITY。

(でも親父、やっぱり少し複雑だよ…)

第5章 コンテンツ作りの実践論

広告なのにシェアされる
コンテンツマーケティング入門 | 第 6 章

メディアと広告、コンテンツの未来

(対談)

6-1 バスキュールの西村真里子さんに聞きに行く!
「みんなが主役時代の参加できる広告って?」

6-2 境治さんに聞きに行く!
「広告とコンテンツ融合の可能性」

6-3 niconicoの杉本誠司さんに聞きに行く!
「脱・マスプロモーションの方向性」

第6章 メディアと広告、コンテンツの未来【対談】

「広告らしくない広告」「コンテンツとして楽しんでシェアしてもらえる広告」は、具体的にどんな形で実現していくのか…。従来の広告やメディアの枠に捉われず、企画を実現しようとしている方たちに、谷口マサトさんが取材。対話を通じ、メディアの変化、広告を取り巻く環境やメディア自体の変化に対応した、これからの広告のあり方、スタイルを考えていきます。

6-1　バスキュールの西村真里子さんに聞きに行く！
「みんなが主役時代の参加できる広告って？」

[人が集まる場を作る]

谷口：バスキュールさんは、常に環境に対応して変化していますよね。

西村：PC全盛期はそこに向けたコンテンツだけ作っていればよかったのですが、今はスマホにSNSとユーザーが時間を費やす場も変わってきています。どんなに力を入れて広告やコンテンツを作ったところで、見てもらえなければ意味がありませんから、バスキュールはいつも「人が来てくれる場で広告やコンテンツを作ろう」という視点で企画や座組作りを考えています。2011年にミクシィとの共同

出資会社「バスキュール号」を設立したのも (*)、2013年5月に発表したスマートフォンやタブレットを通じて、視聴者のテレビ番組への参加を促すサービス「マッシブ・インタラクティブ・エンターテインメント・システム(M.I.E.S.)」も、その時々の「人が集まる場」に注目しているからこそ、出てきた企画です。

谷口：PC向けサイトで成功体験があるのに、そこに執着せず、あっさりと場所を移されて次々と新しいことを仕掛けている。PCほどの画面スペースがないスマホでは、表現力にあふれるバスキュールさんのコンテンツは成立しえないのではないか…と思っていましたが、それをスマホの先にテレビを連動させることで、テレビの大画面を舞台にコンテンツを作っている。驚きました。

西村：PCかスマホかということは、あまり関係ないのかもしれません。バスキュールはインタラクションを重視したコンテンツを作っているので、いつも考えているのは、今どんな場所でコンテンツを展開したら、みんなが参加してくれるかなんです。確かに今、みんながスマホに費やす時間が増えていますが、パーソナルなメディアであるスマホだけだと、私たちが目指す「人が集まる場」にはならない。なので、スマホを媒介にテレビとネットを融合させる企画にも力を入れているんです。

(*)…2013年4月に資本提携は解消

［ずば抜けて"カッコいい"は目指さない］

谷口：コミュニケーション、コミュニティのデザインをしているということですね。会社を立ち上げた当時から、人が集まる場を作っていくという方針に変化はないんですか。

西村：そうですね。うちの社長（朴正義氏）が2000年にバスキュールを立ち上げる時、実はセカンドライフのような空間をつくりたいと考えていたようです。多くの人が集まり、それぞれが主役になって、時間を共有できる世界を作りたいと。今もその想いは、変わっていなくて、ユーザー同士がコミュニケーションできて、しかもそれが嫌じゃない、居心地がいい場作りを、その時々にある技術を使って実現しているのだと思います。なので、バスキュールはカッコいいデザインを作ることを最終目標にしていないんです。デジタル上のコンテンツは、すぐに消費され消えていくと言われますが、私たちは「子供の世代にまで自慢できるようなコンテンツを作っていきたい」と考えていて。ただみんなが参加してくれて、後世まで残りさえすれば

いいというわけでもなく、「ダサいのは嫌だ」という美学があったので、結果としてデザイン関連のアワードでも賞をいただくような仕事ができているのだと思います。

谷口：バスキュールさんの作るコンテンツは、カッコいいのに、どこか脱力しているというか、親近感があるというか。そういう印象を受けますね。

西村：それは、ずば抜けてカッコいいものを目指しているわけではないからだと思います。ずば抜けてカッコいいものって、一部の人たちは評価してくれるかもしれないですけど、私たちは広告の世界で仕事をしているし、さらに最近はマスメディアであるテレビの方たちと連携してコンテンツを考えることが増えている。決して、デザインやデジタルのリテラシーが高い人だけを対象にしているわけではないので、ビジュアルだけてっぺんを目指したクリエイティブを作っていても伝わらないなと思ってます。その作品に触れた人たちのエモーションに刺さるか、コミュニケーションはそこに生まれているのか？を中心に考えています。

［チームで作るからこそ出る、重厚感］

谷口：ここまで話を聞いていて、バスキュールさんと私のコンテンツの作り方は全然違うなと思いました（笑）。ラーメンで例えると、私はカップラーメンでバスキュールさんはこだわりのラーメン屋さんっていうか。いや、そもそもラーメンに例えていること自体が、失礼かもしれないですけど。要は私の場合は、大量生産型なんです。ローコストで大量にコンテンツを作りたいと思っているので、バスキュールさんのように、作りこむクリエイティブとは方向性が全く違いますよね。ちなみにバスキュールさんには今、スタッフは何人くらいいるんですか。

西村：45人です。そのうち、約8割がエンジニアやデザイナーですね。彼らが参加して満足できる、達成感あるコンテンツにしようとなると、どうしても作りこんだものになっていくということがありますね。

谷口：私が作るコンテンツは、3分間ぐらいで手軽に消費してもらいたいと思っています。

西村：そういうコンテンツも必要だと思います。

谷口：特定の記事がウケるかは保証できないので、多く出せば平均的な

打率が出せると思ってとにかく連発して出しています。

西村：いや、コンテンツを出し続けられるってすごいことですよ。

谷口：ありがとうございます。一つひとつが小さいので、出し続けないと意味がないですからね。

［採用したいのは、無駄なことができる人］

谷口：私の場合は一人で制作してしまうこともあるのですが、バスキュールさんは、同じメンバー、チームで作っていますよね。その結果、クオリティも上がっていくのではないかと思いますが。

西村：確かに。過去の経験を共有していると、アイデアが固まるまでが早くなりますね。

谷口：ちなみに人を採用する時に、チームに適正ある人をとっているんですか？

西村：いやぁ……。結構アウトローみたいな人が、たくさん入ってきてますけど（笑）。驚いたのは、デザインの経験が全くなくて、遺伝子の研究をしていた若者がうちの朴に「バスキュールで働きたいです」ってツイッターでメンション飛ばしてきて、面白いから会ってみようという話になり、で結局、採用されていたり…。

谷口：私もたまに、採用面接をする時があるんですけど。その時は、どれだけ無駄なことができるかを見ています。ウェブの世界の人は効率を重視するので、効率に洗脳されていない人がいいな、と。コンテンツを作るのには無駄なことが必要ですから。なので、効率の意味はわかっているんだけれど、それでも無駄なことができる人がいいなと。かといって無駄なことばかりやっていたらダメですけどね（笑）。

西村：個性は様々でも、どこを見て仕事をしているのかが一致していることが大事なのかも。バスキュールは自社トップページから、ちょっといかれた感じで（笑）、「宇宙と未来のニューヒーローを目指す」って掲げているんですけど、これを見ても「バスキュールに行きたい！」と思ってくれる段階で、ある程度フィルタリングされてるかも…。

谷口：確かに。それは、すごい関門ですね（笑）。

西村：あとは「次の世代に向けて良いクリエイションを残していくことが

我々のミッション」ということも書いてあるんですが、そういうことに共感している人たちだから、テレビ局と連動するぞとか、いきなり新しいチャレンジに舵を切っても離脱しないで付いていけている気がします。

［サービスは母艦、コンテンツは子機］

谷口：バスキュールさんがすごいと思うもう一つのポイントは、サービスとコンテンツの両方を作っているところです。

西村：サービスが母艦で、そこから飛び立つ子機がコンテンツという感じなんですよね。
私たちは映画配給会社でもテレビ局でもない。なので、まずはサービスという土台を作ることから始めないと駄目かなと思ったんです。テレビ局と組んで「M.I.E.S.」のような、スマホやソーシャルを連携させたサービスのプラットフォームを作っていますが、こういう「母艦」ができると、いろんなコンテンツに挑戦していけますから。

谷口：たしかに記事の場合でも、単体だと誘導をどうするかが大変です。
「livedoorニュース」などの、なんらかのメディアをまず運営していないと見てもらえずシェアもされにくい。私はシェアされるためには、広告らしくない広告である必要があると思っていて、そのために、第三者の目線をいかに入れるかを考えているんです。あえて商品をイジったり、冷たく扱ったりするんですが、それはユーザーの声を代弁するという感覚なんです。
ただ第三者の目線の入れ方は、いろいろバリエーションがあると思うんですよね。

西村：コンテンツ自体をシェアされるような内容にすることも大事ですが、過去にはバナー広告自体に、思わずクリックしたくなる、人に教えたくなる仕掛けをしようと「ソーシャルバナー」の企画を具体化したことがあります。2011年に行われたミクシィさんとの協業の「NIKE FRIEND STUDIO」キャンペーンの一環として作った広告で、「NIKE FRIEND STUDIO」サイト上で「NIKEiD」を自分好みにカスタマイズでき、そのシューズに名前も付けることができる。さらに「mixi」上の友人ページのバナー枠に、そのシューズを表示することができる、というものです。ここで目指したのは、「自分ゴト化」ですね。

谷口：自分ゴト化は、大事な要素ですよね。私の場合は、「身近なものに

置き換える」という方法で、自分ゴト化することが多いですね。例えば、中国拳法の映画のプロモーションで、中国拳法を社内暴力に置き換えたり…。身近なネタに置き換える技はよく使います。

[シェアされやすい感情、されにくい感情]

西村：ナイキのソーシャルバナーの企画とも共通しますが、最近のテレビ局との取り組みでも重視しているのは、「身近な友達が常に近くにいる」状況を作ること。それが自分ゴト化につながると考えているんです。以前、日本テレビ放送で放映された『ヱヴァンゲリヲン新劇場版：序』で、スマホを通じてゲームに参加するイベントを仕掛けました。視聴者には放映前に、スマホから特設サイトにログインしてもらう。それで劇中で、「逃げちゃダメだ」などの有名なセリフが登場するシーンが近づくと秒読みが始まる。さらに、そのセリフに合わせてタイミングよく画面をタップすると「シンクロ率」が上がるというものです（「シンクロ率」とは、「ヱヴァンゲリヲン」に出てくる言葉）。企画のポイントは、フェイスブックやツイッターでログインすると、友だちのシンクロ率もわかるようにしたこと。一人でテレビを見ていたら、チャンネルを変えてしまうかもしれない。でも、友だちが見ていることがわかると、最後まで見続けてしまう心理が働くのではないかと思ったんです。ただ、実際にやってみての感想は、その番組が好きな人はたとえ一人でも見続けるということで…。コンテンツが強力ならば、ソーシャルは必要ないかもという気もしました。

谷口：それは、コンテンツが引き起こす感情によってシェアされやすいもの、されにくいものがあるということではないでしょうか。例えば、笑いの感情はシェアしたくなりますが、怒りの感情はあまりシェアしようと思わない。コンテンツの性質も影響していそうです。

[スベらないためのリスクヘッジ]

西村：あと、テレビとの連動では一人ひとりの視聴者が、主役になるような場所を作りたいとも考えています。昨年9月に、TBSテレビとソーシャルメディアと連携した生番組『大炎上生テレビ　オレにも言わせろ！』を放送しました。ツイッターからコメントや投票をすると、リアルタイムに番組の映像が変化し、さらに自分のコメントや名前が画面に出るという参加型番組です。

第6章 メディアと広告、コンテンツの未来【対談】

谷口：私は、時々「ニコ生」の企画もしますが、最近はユーザーのコメントにつっこめるタレントさんをキャスティングするようにしています。

西村：ちゃんと、視聴者イジリのできる人ですね。確かに、今は一般の人も自分のフェイスブックの投稿に、どれだけ「いいね！」がついたかを気にする時代ですからね。バスキュールでも、ユニリーバさんの「ＡＸＥ」の企画で「AXE脳科学研究所」という取り組みを2013年6月に行い、「ニコ生」で10時間の生放送をしたんですが、意外だったのは広告であっても面白ければ、ユーザーの皆さんは楽しんでくれるのだということ。「ニコ生」を見ている方たちは、企業がスポンサードしているような企画は、あまり好きではないかなと思っていたんですが。

谷口：ユーザーは、広告かどうかは気にしてないと思います。面白ければ、結構温かく受け入れてもらえるなと。

西村：ただテレビ番組もニコ生もそうですが、参加型を標榜している企画は、本当にみんなが参加してくれるのか、直前までドキドキですよね。ウェブコンテンツは、ローンチした後でも手直しができますが、生放送はその場勝負ですから、現場力が鍛えられている気がします。万一の事態を想定し、何か起きた場合のシナリオも作ったうえで放送に臨むようにしていますが、そういうシナリオを作っている時は、すごい悲しい気持ちになります（笑）。

谷口：私の場合、スベるとバズらないので誰にも気づかれない。バズったものしか認識されてないので、最初から広告主さんの期待値が上がってきてしまっているように感じます（笑）。とはいえ広告なので、スベらないように、いろんな保険をかけてはいます。ある程度のリーチが見込める「livedoorニュース」というプラットフォームに載せること、あとは連載形式で小さな玉をたくさん打つこと。スベったとしてもファールくらいにはとどめる感じで、空振り三振みたいな完全なまでのスベり方はしないようにしています。貧乏くさい話ですが（笑）。

谷口：バスキュールさんはどんなふうにアイデア会議をしているんですか。

西村：普通にブレストしてるだけだと思いますが…。ただ、特徴があるとしたらアイデアの段階で、まずはモックを作ってみちゃうということはありますね。実際に触れられるものがあると、デザイナーもプランナーもディベロッパーもユーザーの目線で、改善点などのアイデアが出てくるように思います。

谷口：バスキュールさんは、新しい技術を積極的に取り入れていますよね。そういう情報は、個人個人で勝手に集めているんですか。

西村：そうですね。みんなが勝手に集めてます…。私たちは、常にこれまでになかった仕掛けや仕組みで見る人を驚かせたい、これまでになかった市場を作っていきたいと思っているんです。なので、新しい技術もどんどん取り入れたい。新しい技術を吸収して次にいかないと「宇宙と未来のニューヒーロー」にはなれませんからね（笑）。

> **Profile**
>
> バスキュール　プロデューサー
> ### 西村真里子氏
> 最高峰のコミュニケーション企画力を武器に、チャレンジを続ける「バスキュール」の一員。IBM、Adobe、Grouponを経て現職。バスキュールの「大量の人数がリアルタイムに参加する（マス×インタラクティブ）新エンターテイメント」の代表事例である、TBS「大炎上生テレビ オレにも言わせろ!」（2012年9月28日）、フジテレビ「にっぽんのミンイ」（2012年10月15日〜）、日本テレビ「JoinTVプロジェクト」、mixi Xmas「インタラクティブCM 小さなサンタクロース」などに関わる。

6-2　境治さんに聞きに行く！
「広告とコンテンツ融合の可能性」

第6章 メディアと広告、コンテンツの未来【対談】

[真面目にやっても反応がない!?]

—— 境さんは、谷口さんのコラムを読んでくださっていたそうですね。

境：はい。それで谷口さんみたいな発想の人が、どんなふうに生まれたのか気になっていました。

谷口：私は、もともとはIAなんです。商用サイトの問題点を特定し、根本的なリニューアルをするのが仕事で、以前はリクルートのカーセンサー、JAL、JTBなどを担当していました。広告に関わったのは最近ですが、根本を見直すという意味では、やっていることは近いかもしれません。

境：ライブドアに入社してから、広告を作ることになったんですか。

谷口：いえ。ライブドアでも最初はサービス開発の部門にいて、広告に関わるようになってからは3年ほどしか経っていません。以前から仕事とは別に、個人サイトの「chakuwiki/借力」で面白コンテンツを作ってはいましたが、それが仕事につながるとは思ってもいませんでした。

境：個人でやっていた活動をベースに売り込んで、クライアントさんを見つけてきたんですか。

谷口：クライアントさんの方が早くて、面白コンテンツを使った広告を作れないかと相談が来るようになったんです。

境：「アドタイ」のコラムの1回目「広告"枠"買いから、広告"コンテンツ"

従来の広告（広告とコンテンツは別物）

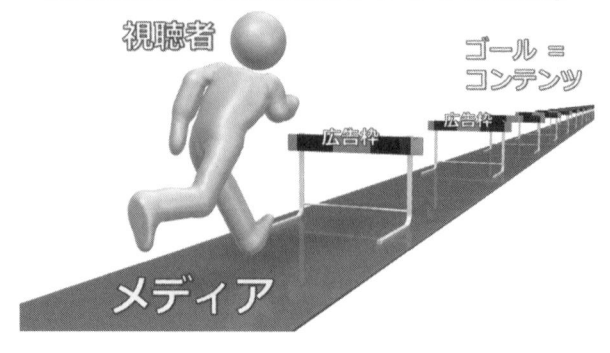

買いへ」で広告とコンテンツのハードルの話が出てきましたよね（コラム記事より、図を引用）。僕もこの従来の広告の枠組みについては、同じような問題意識を持っていました。

谷口：最初の頃は、広告企画で真面目なコンテンツを何度か作ったこともあったんです。でも、あまり反応がないし、やっていてむなしくなってきまして。

境：ネットで真面目なことをやっていたら、反応がなかった？

谷口：はい。最近、私に仕事の相談に来られるクライアントさんはよくおっしゃいますね。「真面目なことをやっていたけど、反響がないので、もう少し違う方法を考えたい」と。

境：広告なのにシェアされて、話題になることをクライアントさんも期待しているんですね。

谷口：でも、よく一緒に仕事をさせてもらっているクライアントさんが雑誌のインタビュー記事で「我々はウェブでは他社がしたくないことをしていく！」と話されていて、「えーっ！みんながやりたくないことだと思ってたの！？」ってちょっと驚いたんですけど（笑）。
ネットの世界はコンテンツを作りたがらない文化があるし、あまりお金もかけられない。だからこそ広告とコンテンツが一緒になれば、ネットでももっと面白いコンテンツを作れるのではないか、と。特に私は個人でコンテンツを作っていたので、ユーザー一人だけの力で作れるコンテンツの限界も、感じていたんです。ただ、こういう方向性を目指すと商品とコンテンツのエンゲージメントの問題が出てきます。それも、クライアントさん次第と言うか、商品をイジらせてもらえれば、解決できる問題だと思っています。

［商品をどこまでイジれるか？］

境：谷口さんはコラムの中で広告と物語を共通キーワードでつなぐ、という話をしていましたね（次ページにコラム記事より関連する図を引用）。キーワードで接着させる以上に、双方が完全に溶け合っていて、コンテンツを見ているうちに、自然と広告にも触れてしまうような形の方が、より理想かなと思いましたが、それができるかどうかは商品をどこまでイジれるかにかかっている、と。

谷口：そうですね。例えば食べ物が商材だと、下手にイジると食べ物で遊んでいるというクレームにつながるのを恐れて、一切イジるなと

第6章 メディアと広告、コンテンツの未来【対談】

従来の広告（広告とコンテンツは別物/直列）　時間→

| 物語 | CM・広告 | 物語 | CM・広告 | 物語 |

⬇

これからの広告（広告とコンテンツは一体/並列）　時間→

| CM・広告（ライフ・オブ・パイ） |
| 共通キーワード（トラ） |
| 物語（大阪の虎ガラのオバチャンとデート） |

言われる時もあります。その場合は、どうしてもコンテンツは間接的なものになってしまいます。ただ完全に融合できなくても、商品を認知させることだけを目指すのだと割り切るならよいと思いますが。ただ最近思うのは、ユーザー側は広告とコンテンツを分けて見ているわけではないな、ということです。

境：広告ってどれくらい嫌われているのだろうか、というのも谷口さんに聞いてみたかったことでした。

谷口：つまらない広告が嫌われているだけで、広告であっても面白ければユーザーはこちらが想定した以上に温かく受け入れてくれるというのが私の実感です。

境：でも世の中の風潮として、広告という存在自体に過剰に反応されることがあるように思うのですが。

谷口：それはありますね。みんな、純粋になってきているというか。だからコンテンツに純度を求めるし、広告でも第三者目線と言うか、客観的な裏付けのある真実を求められる流れはあるように思います。

境：広告を忌み嫌う気持ちもわからなくはないのですが、広告があるか

らこそコンテンツを楽しめるという根本が忘れられつつあるように感じています。テレビで言えば昔は多かった1社提供の番組が減ったことも関係しているのかもしれません。例えばロッテは「ロッテ歌のアルバム」の提供を通じて、「お口の恋人ロッテ」というイメージを、東芝もサザエさんを1社提供することで、「明るい家族」とつながるイメージを浸透させたと思いますが、この頃はコンテンツとそれを支えるクライアントの関係がより明確に見えていましたよね。

谷口：昔はコンテンツと広告の結びつきがわかりやすかったのに、番組の複数社提供などで儲かりやすくなった反面、その結びつきは見えにくくなった。結果、広告は邪魔者という目で見られやすくなる。皮肉な話ですね。あらためてコンテンツと広告の関係性を見直す時期が来ているのかもしれません。

［シェアされやすいコンテンツ］

谷口：コピーライターとしてお仕事をしてきた、境さんに聞きたかったことがあります。ネット上でウケるコピーは、これまでの広告のコピーとは違いますか。例えば、私たちはコンテンツをアップした後、ユーザーの反応を見ながら、タイトルなどのコピーを変えているのですが。

境：僕も最近、そこのところがわからなくなってきているんです。個人でブログを書いているのですがPVの多い記事、少ない記事が自分の想定と違うことが多くて。しかも、PVが多い記事って、「マスメディアには限界がある」とか「広告の仕組みが機能しなくなっている」的なちょっとネガティブなものが多いので複雑な気持ちです（笑）。

谷口：感情的なものに人は引き付けられるようで、「livedoorニュース」でも「怒り」とか、ちょっとネガティブなタイトルの記事がヒットしたりしますよ。
あと最近、面白いのがスマホかPCかにより響く記事が大きく違うこと。「livedoorニュース」は、PC版は30代、スマホは20代中心とユーザーの年齢層が異なることも関係しているとは思いますが、たとえばジャニーズネタは、スマホではウケるけどPCではウケない。山本太郎さんのネタはPCでは反応があるのに、スマホではほとんど反応がない、とか。ソーシャルメディア経由の流入率がスマホはPCの1．5倍という数字も出ていて、それも影響しているのか

もしれません。さらに今後、ソーシャル経由の流入が増えていくと、コンテンツ自体のシェアされやすさがますます重要になってくるように思いますね。その意味でネガティブネタは見られるけれど、シェアはされづらいように思いますが。

境：何をシェアするかは自分が人からどう見られるか、に関係してくるからですか。

谷口：そうですね。たとえばグラビアなどのセクシーコンテンツも、PVはとれるのですがシェアしてもらいづらい。悩ましいところです。そこでセクシー系にアート要素を足して、これはアートなんですと言ってみたら、シェアされるようになりました（笑）。

［コピーライター黄金期の広告と共通点］

境：僕、谷口さんの仕事に触発されて、自分のブログで試していることがあって。以前は、ある程度記事を書いた後でタイトルをつけていたのですが最近は、まずタイトルと写真ビジュアルを決め、サムネイルを作ってから文章を書くようにしているんです。「大阪の虎ガラのオバチャンと227分デートしてみた！」も、タイトルとオバチャンの写真がセットになって、シェアされていった。シェアされる上では、ビジュアルが大事だなと気づいたんです。

境治さんのブログより。

谷口：写真とテキストでコンテンツを作る。私は「フォト紙芝居」と呼んでいます。

境：僕のブログは、ビジュアルの選定はアートディレクターの上田豪さんにお願いしているのですが、谷口さん的なコンテンツは、従来のアートディレクターとコピーライターの力をネットでも発揮できるスタイルのように思っています。

谷口さんが作る広告企画を見ていて一昔前の広告と共通するものを感じています。例えば、70年代の仲畑貴志さんのサントリー「角瓶」の広告とか糸井重里さんのジーンズの広告とか、商品とは関係しているのだけど、商品を褒めるだけの広告ではないし、読み物として単体で見てもすごく面白いんです。
この頃は、世の中で広告というものの存在が認められ始めたころで、何か新しいことをやりたい人たちが流れ込んできた時代。糸井さんの広告なんかを見て触発され、僕もコピーライターになったのですが、それは広告をコンテンツとして受け止めていたということなんです。でも今は、広告もコンテンツであるということが忘れられている気がします。

谷口：この頃は、ゆとりがあったんですね。

境：今ではマス広告では薄れてしまった、コンテンツとして広告を作る文化がネットで生まれているのは面白いなと思います。

[CM制作にお金がかけられなくなった時代]

境：スマホで見られることを想定してコンテンツをコンパクトにしているという話も面白かったです。最初は動画も作っていたけれど、今はGIFで表現するようになった話とか。

谷口：ユーザーは時間をとられることを警戒しますよね。なので、伝えたい内容をより早く伝える方法を考えて選んでいるという感じです。

境：谷口さんはコンテンツを制作する際、映像系の制作プロダクションと仕事をするケースはありますか。映像の制作会社だと、コストとの折合いとか、難しかったりしますか。

谷口：そうですね。編プロやウェブに強いライターさんと一緒に仕事をするケースが多いです。あと、私はローコストでコンテンツを大量生産していくという方向性を目指しているので。ネットではあまりコンテンツにお金をかけられない。でも一つひとつのコンテンツにはお

第6章 メディアと広告、コンテンツの未来【対談】

金をかけられないけれど、複数回にわたり連載していくとか…。量を増やしていく方がみんなのためになるかなと思っています。

境：テレビCMの場合、1本制作するのに数千万円の費用がかかったりしますが、リーマンショック以降、その制作費が場合によっては、それまでの半分くらいになる状況もあって。

そこで、みんなでものすごく工夫してやりようを考えるんですよね。例えば現場で動くスタッフの人数が減っている。カメラマンが照明を兼ねたりとか。それまでの撮影現場って40～50人くらいのスタッフがいたんです。それは、例えば食材を整えるプロとか、湯気を立てるプロとか、一つひとつの作業に超プロフェッショナルがいて、そういうプロが結集して1本のCMを作っていたからなのですが。撮影もフィルムでなく、デジタル一眼で動画を撮ったりして…。そうやってコストを削減しても素人にはクオリティの違いはほとんどわからないやり方を苦心して見いだしているのですね。やってみたらできちゃうので、痛しかゆしというか。

では、なぜ今まで数千万円をかけられていたのか。一つにはメディア費の約1割が制作費というぼんやりとした商習慣があったから。だからこそリーマンショックでメディア費が削られたら、制作費も削られてしまったわけですが。

そしてメディア費の1割が例えば3000万円だったら、とにかくCMは3000万円で作るものという習慣になっていたんだと思います。その3000万円が半分の1500万円になると、撮影の現場で頑張ってきた、職人的な人にとっては残念なことではありますが、プロフェッショナルなパートを少しずつ削っていく。CMは、その制作費に見合うお金や時間のかけ方をしていたということもあったのではないかと思います。

谷口：なるほど。逆に私は、すでにあるシステムからコストダウンするのではなく、ゼロからスマホ用のコンテンツを作るというアプローチでコンテンツ制作のローコスト化を図ろうと考えています。

境：谷口さんはコンテンツを作るという行為をビジネス化しようとする強い意志がありますよね。過去に仲畑さん、糸井さんが広告を変えたように、ネットから新しい広告とコンテンツの関係が育っていったらいいなと思います。本当は広告があるからこそ、コンテンツが楽しめるのだけど、今の広告とコンテンツが分断している状況はよく考えれば不自然なことかもしれませんね。

埼玉テレビで北海道テレビの藤村忠寿さん、読売テレビの西田二郎さんという二人の人気プロデューサーが出演する「たまたま」という番組があるのですが、この番組は「予算ゼロ」を標榜して始

まったんです。予算がないので最初は二人がカメラの前に出てきて、ひたすら話すだけ。で、その後、番組内でスタッフ、スポンサーの募集が始まって。熊谷の八木橋百貨店という企業がスポンサーに名乗りをあげ、次の回からテロップが出せるようになったり（笑）。スポンサーがいるからコンテンツが楽しめるのだということを視聴者にも理解してもらえている番組で面白いな、と。

谷口：面白いですね。その図式は、"今っぽい"ですね。ニコニコ動画などでも、趣味でゲーム実況をしていたユーザーに、後からスポンサーが付く場合があります。

境：メディアが力を持ちすぎて、広告自体のコンテンツとしての魅力を考える視座が薄れてしまったのかもしれません。広告にコンテンツとしての力があれば、メディアの力に左右されずに、ソーシャル上で拡散することもあるわけですし。広告にメディアのリーチ力を基準とするものとは違う指標が必要とされているのかもしれませんね。

Profile

コピーライター／クリエイティブディレクター／メディア戦略家

境 治 氏

1962年福岡市生まれ。東京大学文学部を卒業後、1987年、広告代理店I&S（現I&SBBDO）に入社しコピーライターとなる。1992年、日本テレビ巨人戦中継"劇空間プロ野球"の新聞広告「巨人を観ずに、めしが食えるか。」でTCC新人賞を受賞。翌年独立し、フリーランスとしてCM・ポスターなどの制作に携わり、TOYOTA、JR、日立製作所、フジテレビなど多方面のスポンサーを担当してきた。2006年、長年つきあっていたロボットの経営企画室長に任じられ、プロダクション経営の制度再構築を担う。2011年からはビデオプロモーションでコミュニケーションデザイン室長。2013年7月から、再びフリーランスに。

6-3 niconicoの杉本誠司さんに聞きに行く！
「脱・マスプロモーションの方向性」

[ユーザーのアラートに気づけるか？]

谷口：私はLINEのプロデューサーとして、広告とコンテンツを融合させた企画の形を模索してきました。最近「ニコ生」を使った企画を始めたのですが、公式に載れば、1時間以上にわたり1万人以上が視聴してくれる。相当、価値のあるレアなメディアだなと実感しています。

杉本：僕らの中にはメディアの価値を現金化していくスキルがあまりないというか。「niconico」で広告ビジネスができるという意識があまりなかったんです。もちろん、お金になるからと言って、そこに邁進すべきかと言えばそうでもないのですが。

谷口：「niconico」だと、まずはコンテンツありきで、そこにうまくはまる企業があればコラボするという感じでしょうか。

杉本：そうですね。谷口さんが言うように、私もプロモーション活動をコンテンツ化させていくという方向性は正しいと思います。コンテンツ化することで、ユーザーさんにも受け入れてもらえる企業からのメッセージになる。そして、きちんと「この企画は企業が協賛していますよ。広告企画ですよ」と明示すれば、理解も得られるだろ

うと思います。ただ「どこまで行ってよいのか?」という見極めが難しいなと思っています。僕らは「niconico」の運営側にいて、ユーザーさんに罵られることに慣れているばかりに、この方向に進んでいって、ユーザーの心が離れていくようなことがあった時、真の意味でのアラートを鳴らしてもらえるだろうか。それに気づけるだろうかがわからないなと思っているんです。

[「ニコ生」の楽しみ方は「ラジオ」的]

谷口:私が広告のコンテンツ化に取り組むようになって約3年になるのですが、そこで感じているのは、ユーザーは結構優しいということです。広告だとわかっていても、面白ければ受け入れてもらえるな、と。

杉本:「niconico」は、どうしたらいいと思いますか。

谷口:やっぱり生放送が強いですよね。生放送は録画に加え、同じ映像でも制作費が抑えられるメリットがあるので手軽に挑戦しやすいですし。それにしても「ニコ生」はどんどん放送時間が長くなっていきますよね。73時間ぶっ通しで放送された『龍が如く』ゲーム実況には驚きました。私がコンテンツを作るときは、スマホで見られることも想定し、軽量化していく方向にあります。動画は「時間をとられる」という警戒感を与えてしまうのか、あまりうまくいかず、私が「フォト紙芝居」と呼んでいる写真とテキストだけのコンテンツの方が手軽にウケやすい。「ニコ生」の長時間化は、コンパクトなものが求められる最近のコンテンツ消費の流れの中で異質だなと思っています。

杉本:長時間、生放送することで見ているユーザーに一体感が生まれるというか。「24時間テレビ」みたいな感覚なのかな、と思います。

谷口:コンテンツ自体を楽しんでいるというより、みんなで居酒屋でしゃべっているような感覚を楽しんでいるように見えます。

杉本:ただ、みんなが参加して楽しむ場だとは言え、生中継であっても一般ユーザーが動画を流すのは、まだまだハードルが高いと思います。よく企業の方に期待されるのが、例えば一般消費者が踊る動画を投稿してもらうようなキャンペーンの成功ケースがあったりすると、もともと投稿の文化のある「niconico」で公募すれば、多くのユーザーに参加してもらえるのではないかということ。でも、実際には公募して集まるコンテンツは200〜400くらい。企業の方たち

が、想定する数字とかい離しているケースがあります。

谷口：でも公募以外でも、参加感を味わってもらえる企画はいろいろありますよね。最近、「ニコ生」で企画を考える時には、盛り上げるために、ユーザーのコメントに突っ込みを入れられることを条件にタレントさんを選んでいます。

杉本：生放送は動画コンテンツですが「ニコ生」なんかを見ていると、すごいラジオ的な楽しまれ方をしているなと思います。音声がベースになっていて、そこに映像が入ってきているというか。さらに「ニコ生」の場合、テキストでコメントも乗ってくる。日本はガラパゴス化していると言われますが、母国語である日本語のスキルが高い国なので、動画でも「テキスト」を許容できるし、さらに「アスキーアート」含め、遊び道具として言葉も使えるがゆえに、独自のコンテンツの楽しみ方、参加の仕方が浸透しているのだと思います。そこを逆手にとって、ユーザーの遊びに乗っていくようなプロモーションが出てくるといいですね。

［隙を見せる方が、人間味を感じてもらえる］

谷口：2013年の末に「ニコ生」で薪が燃えている映像を延々27時間放送する番組がありましたが、薪を囲んでユーザー同士が会話しているのがいい雰囲気でしたね。

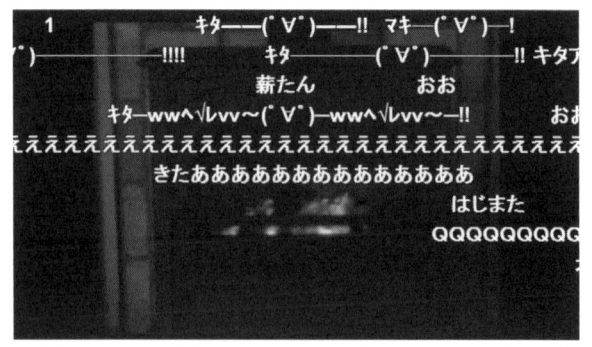

ノルウェーの公共放送局で、視聴率20％を記録し話題になった12時間「薪が燃えている映像を流した番組の、独占放送版。映像は、ノルウェーで放送したものではなく「ニコ生」オリジナル。

杉本：企業のプロモーションの提案でも、あの手の企画は増えていくかなと思います。

谷口：ああいった番組について、企業さんの理解は得られ始めているんですか。

杉本：いえ、まだ「えっ？？？」という反応をされることも多いですが…。例えばメーカーさんに、「商品の企画会議の風景をそのまま流しましょう」と提案すると、企業の方たちは、バリバリと活発に意見を出し合っている風景を想像されます。そこで僕らが「いや、意見が出ないで、どよ〜んと空気が淀んでいるような、そんなだらっとした瞬間をそのまま流す方がいいんです。その方がコンテンツとして面白いですよ」と、言うと、「えっ？？？」という感じになりますね（笑）。隙がある瞬間の方が人間味を感じてもらいやすいですし、それが企業に対する親近感にもつながると思うのですが、こういう提案は一定の理解は得られながら、リスクになると思う方も多くて、実現までには時間がかかりますね。

谷口：ただ、企業側も変わってきています。最近は、「広告の中でもっと商品をイジってくれ」と言われるケースが増えてきました。企業が自分たちでボケると、痛いことになりがちなので、第三者にイジってもらうほうが良いという判断なのだと思いますが。

杉本：それは、いい傾向ですね。

［良いところも、悪いところも全てを説明］

杉本：こういう話をユーザーの方たちが聞いたら怒るかもしれませんが、でも自分自身を考えてもネットに向かう時のマインドセットって、なにか自分たちを世の中から低く設定しているような、そんな目線になっている気がするんです。なのでネットユーザーにとって企業は、上から目線で物を言ってくる存在。その企業が自分たちと同じ目線で入ってきてくれたら、それがプロモーション目的であっても、ユーザーもきちんと向き合ってくれるし、間合いが近づくのではないかと考えています。

谷口：消費者としてきちんと向き合っているというスタンスが見えれば、変に茶化したりせず、話を聞いて評価をしようという雰囲気が生まれるのでしょうか。

杉本：はい。あと、企業もユーザーに何をしてもらいたいのか、最初にき

ちんと説明することが必要です。商品について良いところも悪いところも、売りがどこかも、全て話す。例えば、開発に携わっている人が出てきて直接、ユーザーと話してもよいと思います。

これまでのマス広告を使ったプロモーションは、商品の良いところだけを取り出して、マスに向けて発信していた。一方で「niconico」のような場でやるべきことは、商品の全てを見せ、たとえ少人数であっても、その商品を愛してくれるであろう人を見つけ、その人たちに対して誠心誠意、説明していくこと。そして悪いところも含めて「好き」と言ってくれる人を育てていくことではないかと考えています。手間がかかるので短期的には売上は落ちるかもしれないけれど、ロイヤリティの高いカスタマーを育てていく、この方法の方が中長期的には企業のためになるのではないかと思います。マスメディアを使うと、何度も広告を打てないから、1回しかリーチしなくても印象に残るものをと、どんどん強い表現になっていきますね。

谷口：ネットの場合、1回のリーチは少ないので、ジワジワ回数を繰り返し接触することで、認知を広げていく感じですね。その時に大事だなと思うのが、制作費のローコスト化です。制作費を抑えると言うと、制作会社の人たちにとっては脅威に思うかもしれませんが、1回あたりの単価を抑えることで、結果として継続してコンテンツを作っていくことができ、トータルとして制作費を増やすことにつながるのではないかと思っています。

杉本：ネットは「拡散」するイメージで捉えられていますが、広がるまでには結構、時間が必要です。回数も時間も必要なので、ローコスト化してコンテンツを何回も作れるのは、いいですね。商品や企業の理解にもつながると思います。

谷口：テレビには、シリーズ番組がある。なのに、ネットのコンテンツはほとんどが1回限りで終わってしまうことに疑問を感じていました。ネットのコンテンツも、テレビ番組のようにシリーズ化していかないと全体としてのスケールが出ないな、と。

［分断するテレビの番組と広告］

谷口：私は1社提供でも番組を作りやすい「niconico」では、その企業や商品が持つ世界観に合った、様々なコンテンツを作れる可能性があるのではないかと思っています。「アドタイ」のコラムでも書いたのですが、昭和44年に放送開始した『ムーミン』は、企画段階で番組のターゲットであった子供には全然ウケなかったそうで、不安に

思ったテレビ局側は、もっと刺激の強い番組・B案を、スポンサーのカルピスに提案したそうです。それに対し、カルピスの担当者は「B案の方が人気は出るでしょう。しかし、モラルの面から言って、B案は情報公害を流すようなことになるかもしれない。多少とも、そうした懸念のあるものにうちは手を出すことはできない」と発言し、『ムーミン』を支持したそうです。今は、テレビの1社提供は減ってしまいましたが、1社提供だからできることがあるんだな、と。このカルピスの姿勢から、私はコンテンツと広告の未来を感じています。

杉本: テレビを非難しているわけではなく、1社提供にしろ、複数社提供にしろ「提供社」、「スポンサー」というものが、テレビの中で"風景化"していますよね。スポンサーがいるからこそ、コンテンツが成立しているという根本が忘れ去られつつあるというか。僕も子供の頃「この番組を提供するのは、○○社、××社です」という謎の言葉が流れるけれど、何のことを言っているのかよくわかりませんでしたから。

谷口: 確かに。テレビのあのコンテンツと広告の分断ぶりは豪快ですね。

杉本: テレビは番組と広告を切り離すことによって、効率的に稼げるような仕組みを構築したと思いますが、それによって根本が忘れられてしまった。広告主とコンテンツの関係性を再構築していくことが必要ですね。

谷口: ネットはいろんなものが原点回帰している場と言えそうです。

杉本:「スポンサーがいることは、あえて説明しなくても空気を読んで理解してね」みたいな雰囲気がある気がして、それってちょっと日本的だなと思います。それだけに、歴史的に見てきちんと説明することを怠っていたとも言えるんじゃないか、と。インタラクティブなネットの場合には、説明した上で「わかりましたか?」と問いかけることもできる。しかも「niconico」をやっていて気付いたのですが、きちんと説明責任を全うしようとする人に対してはユーザーも耳を傾けてくれます。人に何かを伝えたいと思っている人はまずそこから始めればいいんじゃないかと思います。

[情報選択の意思決定と多様性のある社会]

谷口: スマホの普及と、東日本大震災が発生してから、災害発生時の情報インフラとして機能するネットを見て、ネットの利用がより一般的

になってきていると感じています。一方で意識的にネットを利用しているわけではないユーザーが増え、リテラシーの問題も出てきていると思いますね。

杉本：テレビを見る感覚で、ネットのコンテンツに触れてしまう。

谷口：はい。最近、ユーザーがすごい素直になっているのではないかと感じます。例えば以前は斜に構えた視点のコンテンツがウケやすかったんですが、最近はストレートにイイ話の方がウケやすい。

杉本：正しい情報を会話の中から含めて自ら取捨選択していかないといけない。マスメディアが発達する前は、情報選択の意思決定を自分でしていたと思いますが、そのことを忘れてしまったところがあると思うんです。逆に情報社会が進化することにより、また自分で取捨選択する時代になっている。もともと絶対的な正義などないですから一人ひとりが自ら情報を選択することで、多様性のある社会構造になるのではと思っています。

谷口：それぞれのコミュニティの会話の内容は違いますし、そこにアプローチするにはこれまでのマスアプローチとは異なる方法が必要とされそうですね。杉本さんのお話には、そこでのヒントが多くありました。

Profile

ニワンゴ　代表取締役社長

杉本誠司氏

1967年東京生まれ。1989年桜美林大学経済学部卒業。気象情報会社のウェザーニューズなどを経て、2003年、ドワンゴに入社。ニワンゴの立ち上げに携わる。2007年12月、社長就任、現在に至る。

広告なのにシェアされる
コンテンツマーケティング入門 | 第 **7** 章

ローコストで
大量生産に向けた取り組み

7-1 「ニコ生」コラボでコンテンツを作る
7-2 テレビ黎明期の1社提供番組から学べること
7-3 ネタ仕込中、これから仕掛ける新企画

第7章 ローコストで大量生産に向けた取り組み

7-1 「ニコ生」コラボでコンテンツを作る

　この本で多く紹介した「フォト紙芝居」以外にも、私は日々ローコストでコンテンツを大量生産する方法を模索しています。自社以外のメディアと組むことも増えていて、最近多いのが、「ニコニコ動画」の生放送とのコラボです。例えば、2013年に渋谷109で生放送の収録も行いました。

※丸で囲んだ階段部分で収録。通常は利用できないスペースだが、今回は渋谷109とのコラボ企画ということで特別に借りることができた。

　放送したのは『真夏のホラー結婚式』という教養バラエティ番組で、全身ラバースーツを着た新郎と新婦が、不気味な結婚式を行う様子を見ながら、クイズ形式で神前式の正しい作法を紹介するというものです。DVDが発売・レンタル開始された、全身ラバースーツ男が登場する海外ホラードラマ『アメリカン・ホラー・ストーリー』とのコラボで実現したもので、渋谷の道行く人と「ニコニコ動画」の3万5千人が視聴し、2時間にわたってドラマの宣伝ができました。企画は廣洋社と、制作はテレビ番組制作会社のエスピーボーンと行いました。

※注:実際には109で挙式はできない。

　私は第2章で、スマホの浸透により、コンテンツにはサクサク見られる軽量化が求められていると説明しました。その流れと真逆にあるのが、「ニコニコ動画」のまったり感です。まったりとみんなでおしゃべりしながら見る「ニコニコ動画」もまたユーザーから人気で、この視聴モードに対応したコンテンツの企画依頼もまた増えています。

　スマホでサクサクと見るコンテンツには効率が求められるのに対し、「ニコニコ動画」のまったり視聴では、休日に居酒屋で友人と雑談しているような、くつろいだ雰囲気が求められます。

　コラボ番組を作る際には、ユーザーのコメントを拾って対話できる方をキャスティングし、この「ホラー結婚式」のような、共通の会話のネタを用意し、みんなでおしゃべりを楽しめるような構成にします。また、

「ニコニコ動画」では生放送のライブ感が歓迎され、下手に編集された動画より好まれる傾向があります。そして生で一発撮りだと非常にローコストで番組を作ることができます。

また、「ニコニコ動画」を使えば、企業が独自に番組を持つこともできます。一社提供で番組を持てれば、私が紹介してきた「広告とコンテンツを一体化する方法」を、「ニコニコ動画」上で実現することができ、より多くの人に見てもらえる可能性が広がります。ちなみに「ホラー結婚式」のケースでは、ドラマに登場する全身ラバースーツ男を、新郎として登場させています。これにより、結婚式の教養バラエティ番組であるのと同時に、映画の広告としても成立させています。

7-2　テレビ黎明期の1社提供番組から学べること

1社提供で番組を作るというアプローチから、広告とコンテンツの一体化の方法を説明しましたが、テレビも黎明期には一社提供の番組が多かったため、参考になる事例がたくさんあります。例えば昭和の名プロデューサー、小谷正一の著書『当たらん・当り・当る・当る・当れ・当れ』には、アニメ『ムーミン』を実現するまでの苦難が、克明に紹介されています。

昭和44年に放送された『ムーミン』は、企画段階で、街中でキャラクターの絵を見せて反応を調査しました。女子高生や一部のOLからは「かわいい」「とぼけたところが好き」といった反応があったものの、番組のターゲットであった子供には全然ウケなかったそうです。中には「『ムーミン』はラーメンの一種か?」と尋ねた人もいたそうです。

さらにテレビ局では『ムーミン』は、ほのぼのしすぎていてテレビ向きではなく、スベるだろうという意見が多数だったそうです。当時流行っていたアニメは冒険物やアクション物など刺激的なもので、その中で『ムー

ミン』は異色な存在だったのです。

　不安に思った局側は、もっと刺激の強い番組・B案を、スポンサーのカルピスに提案します。それを見たカルピスの方はこう答えます。

「このB案は当たるかもしれない。おそらく子供の人気は得るだろう。しかし社会的に考えた場合、モラルの面から言って、あるいは、このB案は情報公害を流すようなことになるかもしれない。多少ともそうした懸念のあるものにうちは手を出すことはできない」

　このようにきっぱりと発言されたことから、テレビ局の担当者は、視聴率は気にしないでおこうと腹をくくり、『ムーミン』を作ったそうです。結果、予想外の大ヒットとなりました。視聴率よりも、親たちが安心して子供に見せられる番組を提供したい、と願ったカルピスの姿勢からは、昔の話なのに、コンテンツと広告の未来を感じます。一社提供でも作りやすいニコニコの番組では、その企業や商品の持つ世界観に合った、様々なコンテンツを作ることができるでしょう。

7-3　ネタ仕込中、これから仕掛ける新企画

「ニコニコ動画」とコラボした1社提供の番組制作はすでに、形になっている新しいアイデアですが、そのほかにも様々なネタを仕込んでいます。例えば、今考えているのは、LINEのスタンプとニコニコ番組のコラボ企画です。

　私はLINEの企業タイアップをいくつか担当していますが、LINEの広告メニューの中に、マストバイスタンプという、ある特定の商品を購入したり、店舗に行ったりすると、ユーザーはスタンプをダウンロードできるというメニューがあります。

　例えばこちらは第1章の冒頭でもご紹介した「ソフトバンク 家族のスタンプ」で、ソフトバンク携帯電話取扱店に行くともらえるものです。

第7章 ローコストで大量生産に向けた取り組み

　クライアントの売上に直結するタイプの広告商品ですが、スタンプのキャラクターの人気度合が成果に直結するので、テレビだけでなく、ネットメディアでも、そのキャラクターが活躍する物語を展開し、キャラクターの認知を広げるという企画が有効ではないかと思います。

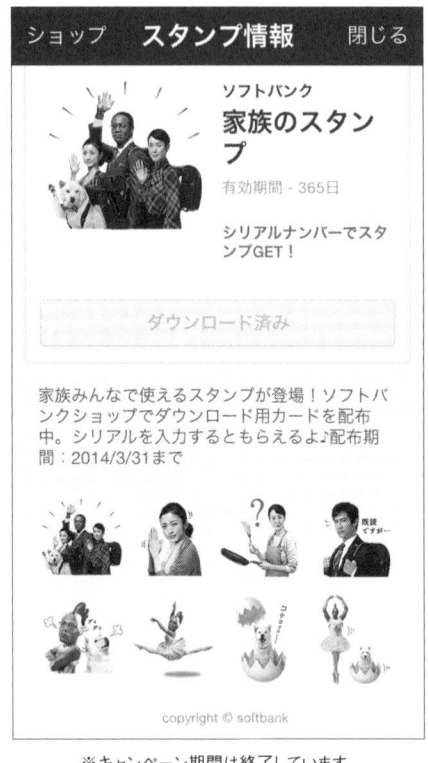

※キャンペーン期間は終了しています。

　このように、コンテンツ化して広告をする対象は、企業や商品だけでなく、企業が持つキャラクターのようなプロモーション活動に利用する資産をPRするケースもあると思います。

```
┌─────────────────────────────────────────┐
│    LINEでマストバイスタンプを提供         │
└─────────────────────────────────────────┘
                    ▼
┌─────────────────────────────────────────┐
│  様々なメディアで、スタンプのキャラクターが │
│        登場する物語を配信                │
└─────────────────────────────────────────┘
                    ▼
┌─────────────────────────────────────────┐
│    ユーザーはスタンプ付きの商品を購入     │
└─────────────────────────────────────────┘
```

　コンテンツ系の広告は、キャラクターを介すことで、様々なメディアと連携したキャンペーンを実施しやすくなりますが、LINEのスポンサードスタンプでも、すでに多くがテレビCMと連動しています。そしてさらにキャラクターに愛着を持ってもらうには、長時間見てもらえる「ニコニコ動画」の生放送も相性が良いと思います。

　そして、いつかやってみたいのが、夏のビーチの海の家で行う企画です。テレビのヤラセ問題は度々話題になりますが、それをクイズにして、番組中に登場する人物が、一般人なのか、仕込み（ヤラセ）なのかをユーザーに当ててもらうものです。

　海の家に、「ニコニコ」動画の生放送中継ブースを設け、海に遊びにきた一般人も自主的に映れるようにします。そして「ヤラセないTV！」などの番組名で、ヤラセだらけの内容にしたら、「全部ヤラセじゃねーか！」とツッコミが入ってウケそうです。

　ネットの企画は、このように、なにかをメタ的に扱う、という特徴もあります。この場合は、ヤラセというナイーブな問題を、メタ的に取り上げることで笑いにしようというもので、中々テレビではやりにくいでしょうから、ネットでやる意味があります。スポンサー募集中です（PR記事）。

　また、LINEのタイムラインも若い世代を中心に非常に盛り上がっています。例えば次ページの動画は、ローソンのLINE公式アカウントのタイムライン用に、私が担当した数秒の簡単な動画ですが、あっさりと「いいね」が1万回を超えています。

第7章 ローコストで大量生産に向けた取り組み

※企画協力:夏目和樹

最後にLINEタイムラインの事例を紹介したのは、どのような配信プラットフォームでも、読み手が同じネットユーザーである以上、その作り方は大して変わらないということをお伝えしたかったからです。

　最近ではWEB用の動画広告を作る機会が多くなってきましたが、表現方法が記事から動画に変わっても、第3章でご説明した「ネット文脈に合ったコンテンツの形」は共通して利用できると思います。

　この本では、できるだけ普遍的に使える方法を中心にご紹介しました。みなさんが運営している様々なメディアやブログでも、この本でご紹介した方法が何かの参考になれば嬉しいです。

　最後まで読んでいただきありがとうございました。

谷口マサトは、"武道家"である。

解説　田端信太郎（LINE 上級執行役員 法人ビジネス担当）

　谷口さんの著書を読んで、改めて思うのは「谷口マサトは武道家だ」ということです。

　付き合いは結構長くて、知り合ってから約7年になりますが、谷口さんはいい加減なようでいて、基本的にとても礼儀正しい。過去にはアメリカにヌンチャク修行に行き、今も空手を続けている武道家の谷口さんに、武道の世界では「礼儀は用心」という考えがあると聞き、谷口さんにはいつも人に対するリスペクトがあるのだ、と納得しました。

　武道において対戦相手は単に打ちのめすだけの敵ではなく、自分のパフォーマンスを引き出すため、さらに対戦しながら相手と一緒になって、一人では行けない境地にまでたどり着くために活用すべきもの。だからこそリスペクトの気持ち、礼儀を持って相対するのだと思いますが、コンテンツを作りユーザーと向き合う時の谷口さんの姿勢にも、常に「リスペクト」があります。

　谷口さんの才能とは、とてつもなくバカらしいことをとことん真面目にやりきれるところです。「これくらいやっとけば、面白いでしょ」という、受け手をなめてかかるような姿勢が一切ない。本の中に「ボケる技術」という話が出てきますが、ボケっぱなしコンテンツは、相手に対するリスペクトと信頼があるからこそできること。「ここがつっこみどころです」と教えてあげるのは、「あなたには、面白さがどこにあるかわかってないと思いますけど」という前提があります。

　会社での仕事では、谷口さんの上にクリエイティブディレクターがいるわけでもなく、ゴーサインを出すのは本人にもかかわらず、なぜかいつも

追い詰められています。社内に「谷口さん、何日も会社に泊まり込みで徹夜しているらしいんだけど、別にそこまでこだわらなくても…」というムードが流れる時がしばしばあるのですが、それは常にダレルことなく、スベるかスベらないかのギリギリのところで勝負をし続けているからだと思います。

　最近の広告には、消費者に対するリスペクトを感じさせるものがほとんどありません。でも、頭のいいマーケターが都心の素敵なオフィスの中で考えた戦略に乗せられることに、消費者はもはや嫌気がさしています。自分たちがコントロールできる存在だと思われていること、マスとして括られ、One of Themで見られていることを無意識で感じとって拒絶し始めている。だから、広告が見られなくなってるのだと思います。

　私は大学に入り東京に出てくるまで、石川県に住んでいましたが中学生になるまで民放は2チャンネルしか見ることができませんでした。極端にコンテンツの選択肢がなかったので、CMも含めてテレビを見るしかない環境でした。でも今、手元にスマホがあれば石川県の中学生は無限大にコンテンツを楽しむことができます。
　もともと消費者をコントロールすること自体が不可能ですし、さらに今の環境では、さらに武道のように企業のコミュニケーションでも、消費者に対するリスペクトを持ち、さらに相手の力も借りて、自分一人ではできなかったような技を決める発想が必要とされています。そして、それを実践している一人が谷口さんです。

　広告なのかコンテンツなのか…。今、その言葉の定義については広告業界でも議論のあるところですし、谷口さんが作っているものは広告なのかどうか？という指摘もあると思います。でも、はっきり言って送り手側の定義など、どうでもいいこと。状態としての「広告」ではなく、機能としての「広告」、結果的に企業が伝えたいメッセージが伝わればいい

だけだと思います。
　この本を読んだところで、すぐにコンテンツを作れるようになるかと言えば、決してそんなことはありませんが、ただ文章の端々にネット業界の武道家・谷口マサトが積み重ねてきた身体感覚がにじみ出ていますし、これまでの「広告」とは異なる、発見や気づきもあると思います。

あとがき

　知り合いの批評家が、1ヵ月に100冊以上の本を読むというので、どうすればそれだけ読めるのかを聞いたところ、「あとがきに本当に言いたいことが書いてあるから、そこだけ読んでいる」と聞いてずっこけたことがあります。

　この本では、様々な理論や方法を紹介しておいてなんですが、コンテンツ作りに正解はないので、どうか囚われずに、自由に作ってもらえればと思います。私の場合も、ここで紹介した事例は上手くいった例ですが、その背後には膨大にボツになった案件があります。

　これまでの確率で言うと、9割はボツ案です。また、受注にいたっても、最後のクライアント確認で、記事の半分くらいを削られることもあります。さらに、ウケるかどうかは結局わからないので、記事を公開する前は緊張し、ユーザーの反応に一喜一憂しています。

　もしユーザーの目線になって記事を見ることができれば、スベらないと思うのですが、それが最も難しい。第4章のQA「時間を速くする」で書きましたが、ユーザーは、非常に速い速度で記事を読むかどうかを無意識で判断しています。無意識だから速いのですが、一方、記事を書いた方は、自分の記事だと意識して見てしまうので、時間が遅くなっています。

　脳科学の本『マインド・タイム』によると、意識が現実より0.5秒遅れて発生していることが実験によって証明されています。一方で、無意識の反応は、0.15秒あたりで起こっています。つまり、ユーザーは0.15秒で記事を読むか判断しており、0.5秒後に、なぜ自分がその記事を読んでいるのか、という解釈を後から行っています。

そして記事を書く側は、どうしても自分の記事だという自意識があるので、0.5秒遅れて記事を読んでいます。0.15秒で自分の記事を見られればよいのですが、やっかいな事に、そこは無意識の領域なので、理論ではなく、感覚を鍛える話になってきます。

　とある禅寺の住職に、この時間の速さについて話を聞いたことがあります。「寺の広い庭を掃除するのに、キレイにしようと意識していると遅くて間に合わない。ゴミが落ちていたら自然に拾っていた、という速さを身につけるのが肝心だ」と。

　これは武道でも同じで、時間が速い人には敵いません。仕事でも、同じ1時間を使うにしても、人によって時間の使い方、速さが違います。会社によっても変化するスピードが違うでしょう。このように「時間の速さ」は様々な分野に通じることなので、誰でも自分のやっていることを通して訓練できると思います。私もまだまだ遅いので、努力目標です。

　また、この本で紹介した事例の多くは、クライアントと広告会社・PR会社、社外の制作チームや社内のメンバーと一緒に作ったもので、多くの人が関わっています。私がたまたま紹介していますが、それぞれの記事には、制作に携わった方のクレジットを書いています。
　そしてこの書籍の元となった「アドタイ」での連載と、書籍の企画をして頂いた宣伝会議の谷口優さんには大変お世話になり、ありがとうございました。ちなみに私と同じ苗字なので結婚しているのですかと聞かれる時がありますが、婚姻関係はありません。

「世間は生きている、理論は死んでいる」と、よく先輩が言っていました。全ては飽きられるので、永遠にウケる法則なんてないのでしょう。
　あとがきまで読んでいただきありがとうございました。

広告なのにシェアされる
コンテンツマーケティング入門

発行日	2014年8月20日　初版第1刷発行
著者	谷口マサト
発行者	東英弥
発行所	株式会社宣伝会議
	東京本社
	〒107-8550　東京都港区南青山5-2-1
	TEL　03-6418-3331
	URL　http://www.sendenkaigi.com
印刷・製本	中央精版印刷株式会社

落丁・乱丁はお取替えいたします。本書の一部または全部の複写(コピー)・複製・転訳載および磁気などの記録媒体への入力など、著作権法上での例外を除き、禁じます。こちらの許諾については弊社までご照会ください。

©Masato Taniguchi
ISBN978-4-88335-308-8